金融機関・会計事務所のための

SWOT分析徹底活用法

―― 事業性評価・経営改善計画への第一歩

資金調達コンサルタント・中小企業診断士 **中村 中**
㈱マネジメントパートナーズ
酒井篤司・関根義宗・佐藤宏樹
平鍋雅之・川西智子・古坂真由美

共著

ビジネス教育出版社

はしがき

　我々のような中堅・中小企業向けに特化した事業再生コンサルタントは、仕事柄、金融機関、それも地方銀行や信用金庫・信用組合（いわゆる地域金融）の本部スタッフや営業店の支店長・担当者の方々とお会いする機会が大変多いものです。

　そこでしばしば感じるのは、対象貸出先に対して本部と営業店の認識に随分と大きなズレがあるということです。

　もちろん金融機関内には取引先会社概況表やスコアリングシート等の情報共有ツールが整備されており、その限りにおいては認識も統一されているのですが、それとてなかなか効果的に利用されていないケースも散見されます。

　また、昨今は金融機関も我々のような外部専門家を活用する場面が増えていると感じておりますが、金融機関と外部専門家の認識もなかなか溝が埋まらないことがあります。

　ましてや、対象企業の経営者はやや視野偏狭になっていることが多く、結果として、経営者・取引金融機関および外部専門家の三者間において、当該事業の現状や問題点および課題を共有すること自体にエネルギーを費やすことが少なくありません。

　本書は、『SWOT』という比較的平易でわかりやすい経営分析のひとつのフレームワークを通じて、その三者間で対象企業の現状認識における違い・温度差を埋められないかという試みです。

　それも、教科書のようにSWOT分析の実務プロセスを詳細に説明することは他の類書に任せ、あえて我々事業再生コンサルタントが実地で経験した経営改善事例をベースに、SWOT分析のポイント・ノ

ウハウを伝えようと試みるものであり、そのため、可能な限り事例などを用いてわかりやすく説明することとしております。

　我々事業再生コンサルタントは、時間や情報が限られるなか、対象企業について可能な範囲で集中的に調査して現状を明らかにし、変革・改善のキーポイントを抉り出し、その企業にとって実現可能なアクションプランまで落とし込むことを得意としております。

　私どもマネジメントパートナーズ［MPS］も、おかげさまで現在数多くの地域金融機関からのご依頼により窮境中小企業の再生・改善支援に携っており、その成果として多くの成功事例を産み出してきております。

　基礎体力の弱い窮境中小企業の再生・改善においては、自らが置かれた内外の環境を認識し、自助努力によってそれを成し得る強い姿勢が最も重要であることはもちろんですが、一方では、最大支援者としての金融機関といかに上手く連携を図れるかということがその成否の分かれ目になることも多く、我々外部専門家はその点に腐心することも多いのです。

　『SWOT』のような平易なスキームを上手く活用することにより、その連携を少しでも円滑に図ることができれば、こんな素晴らしいことはないのではないかと考え、本書を書き記しました。とりわけ、外部専門家の視点をご理解いただくことは、SWOT分析を机上の理論・手続として覚えることよりも、現実に応用できる点では大きな意味があると確信しております。

2016年4月

　　　　　　　　　　　　　株式会社マネジメントパートナーズ
　　　　　　　　　　　　　　　　代表取締役　酒井 篤司

目 次

● はじめに……………………………………………………………………7

第1章 たかがSWOT分析、されどSWOT分析

1 SWOT分析は企業コンサルティングの第一歩……………………14
 ア．SWOT分析とは……………………………………………………14
 イ．SWOT分析の進め方・SWOT分析でわかること………………19

2 事例に見る戦略別SWOT分析………………………………………24
 ア．ビジネスモデルを見直す―代々続く家業との決別、現在の
   強み事業へ注力……………………………………………………24
 イ．重要な顧客に気付き、マーケティング戦略を立てる―宿泊
   業の法人接待需要の取り込み……………………………………28
 ウ．地域にある資源で新商品を作る―新たな地場野菜への既存
   加工技術の応用……………………………………………………33

3 ビジネスフォロー・モニタリングにおける
   SWOT分析のポイント………………………………………………40
 ア．「ビジネスモデルを見直す―代々続く家業との決別、現在の
   強み事業へ注力」から見る【基本的な心得】……………………40
 イ．「重要な顧客に気付き、マーケティング戦略を立てる―宿泊業の
   法人接待需要の取り込み」から見る【SWOT分析のポイント】………44
 ウ．「地域にある資源で新商品を作る―新たな地場野菜への既存
   加工技術の応用」から見る【クロスSWOT分析のポイント】………46

第2章 ｜ 金融機関のSWOT分析によって地域連携が深まる

1 地域企業のライフステージ等に応じて提案する
ソリューション（例）の重要性……………………………………54

2 地域企業応援パッケージ・中小企業支援ネットワークにおける
外部専門家・外部機関等との連携……………………………………69

3 金融機関の複数行調整には税理士・中小企業との連携が必須……76

4 金融機関による「SWOT分析」情報の提供が
「外部専門家・外部機関等」との連携の絆……………………………81

第3章 ｜ 金融庁「円滑な資金供給の促進に向けて」とSWOT分析

1 事業性評価に基づく融資等の促進……………………………………86

2 「経営者保証に関するガイドライン」の活用促進……………………90

3 「短期継続融資」を通じた運転資金融資の円滑化……………………93

4 個別融資に係る検査手法の見直し……………………………………97

第4章 ｜ 経営改善計画とSWOT分析

1 事業調査で重要なポイント……………………………………………105
　ア．事実から原因を追及する……………………………………………106

イ. 仮説を持って調査を開始する ………………………………… 106
　　ウ. 問題点や強みの真因まで深掘りする ………………………… 108
　2 外部環境分析から事業を取り巻く環境を把握する ……………… 110
　　ア. マクロ環境分析 ………………………………………………… 110
　　イ. ミクロ環境分析 ………………………………………………… 114
　3 内部環境分析 ………………………………………………………… 118
　　ア. ビジネスモデル ………………………………………………… 118
　　イ. 事業機能①：業績データ分析（売上や収益性） …………… 120
　　ウ. 事業機能②：業務フロー分析 ………………………………… 122
　　エ. 経営力①：経営理念、ビジョン ……………………………… 124
　　オ. 経営力②：計画力と実行力 …………………………………… 125
　　カ. 組織・マネジメント …………………………………………… 125
　4 SWOT分析活用による経営改善計画策定 ………………………… 127
　　ア. SWOTの視点で報告書を効率的に読み解く方法 …………… 127
　　イ. 事業デューデリジェンス報告作成例とSWOT分析 ………… 129
　　ウ. 事業デューデリジェンスから経営改善計画への落とし込み … 143

第5章　事業調査報告とSWOT分析を盛り込んだ経営改善計画書

　1 MPS式経営改善計画書「サンプルS」ページ構成 ……………… 148
　2 サンプルSの概要および注意事項 ………………………………… 149

第6章 SWOT分析の実例

事例1：社内の技術力強化で「施工サービスによる付加価値向上」を目指す建材卸売業 ………………………………………………… 164
　1．企業概要 ……………………………………………………… 164
　2．事業デューデリジェンスの結果とSWOT分析 ……………… 165
　3．経営改善計画におけるアクションプランの骨子 …………… 170
　4．アクションプラン実行の成果 ………………………………… 171
　5．T建材の経営改善計画書（抜粋） …………………………… 173

事例2：創業当時の思いに立ち返り経営基盤の再構築を行った小売業 ………………………………………………… 177
　1．企業概要 ……………………………………………………… 177
　2．事業デューデリジェンスの結果とSWOT分析 ……………… 178
　3．経営改善計画におけるアクションプランの骨子 …………… 182
　4．アクションプラン実行の成果 ………………………………… 185
　5．O商事の経営改善計画書（抜粋） …………………………… 186

事例3：強みを活かし、「1社依存下請からの脱却」を目指しはじめた製造業 ……………………………………………… 190
　1．企業概要 ……………………………………………………… 190
　2．事業デューデリジェンスの結果とSWOT分析 ……………… 190
　3．経営改善計画におけるアクションプランの骨子 …………… 195
　4．アクションプラン実行の成果 ………………………………… 198
　5．X産業の経営改善計画書（抜粋） …………………………… 199

● おわりに ………………………………………………………… 204

はじめに

1

　金融機関の支店などで、貸出担当者が融資の承認をもらおうと支店長に案件の説明をするときのことを思い出してください。担当者は、その会社について、何でも知っていることになっていますから、支店長に胸を張って説明しますが、やがて、支店長から基本的な質問を発せられると、立ち往生することがあります。

　支店長は、SWOT分析に基づく「そもそも論」的な質問をしますが、担当者として明快に答えられないことがよくあります。知っているはずの企業の強み・弱みや業界や地域でのその企業・事業の機会・脅威について、考えていないわけではありませんが、言わずもがなのことで良く整理されておらず、頭が真っ白になってしまうことになるようです。以下に、その会話例を紹介します。

ケース 1

担当者：「ぜひ当社に融資承認をお願いします。」
支店長：「当社の強みは、どんな点かな？　その **強み** は、他社との競争に勝てると思いますか？」
担当者：「……………」

ケース 2

担当者：「当社は2期連続赤字を出していますが、来期は黒字になると思います。社長も断言していますし、貸出をしたいのですが。」
支店長：「2期連続赤字の原因は何かな？　その点が、当社の **弱み**

ではないのかな。弱みに対する対策はどうなっているの？」

担当者：「……………」

ケース 3

担当者：「当社は毎期赤字であり、なかなか黒字になる見通しが立ちません。社長や従業員の皆さんは頑張っているし、当行の返済も、社長が身銭を切って続けています。今回の貸出は、過去実績ピーク範囲内の金額ですから、融資したいと思います。」

支店長：「当社の努力や社長の責任感はわかりますが、当社の業務内容がマーケットに受け入れられないことはないですか。業界としても、存続の 機会 を失って、脅威 の状況になっていませんか。」

担当者：「そうですね。当社のある同業者は、コンビニエンスストアに業種転換をしていますね。もう一社は、OA機器の販売店に転換していますね。」

支店長：「業種転換を行い、その新業務が業界として、大きな 機会 に恵まれているということですね。業種転換について、担当者として、どのようなアドバイスを行っているのですか。もし、行っているのならば、その内容を稟議書に書いてください。」

担当者：「……………」

ケース1・2・3の場合のように、支店長の基本的な質問に対して、自信を持って、歯切れ良く回答できる担当者は意外に少ないようです。

強み・弱み・機会・脅威の切り口から企業を分析した「SWOT分析」をしっかり行っていれば、企業の業務・事業の背景や経緯、数値の裏付け、また現状の課題や対策、そして将来の見通しに至るまで、頭を整理することができ、コンサルティングや経営改善計画の策定支援、モニタリング計画にもつなげることができると思います。

ちなみに、このSWOT分析が金融機関として取引先の実態把握には、最も広く活用されています。経営戦略などの分析のフレームワークには、ファイブフォース分析・3C分析・バリューチェーン分析・PPM分析・バランストスコアカード分析など、多くの分析手法がありますが、実際に、企業内部に入り込んで長時間のコンサルティングを行うことができない銀行員にとっては、このSWOT分析こそ、最も現実的な経営分析と言えます。

❷

とは言っても、現在、金融庁から金融機関に要請されている中小企業への「顧客企業のライフステージ等に応じて提案するソリューション（例）」（62ページ参照）は、銀行員にとってはかなりの高めの球と言えます。これを熟読する限り、SWOT分析手法では、とても処理できる内容ではなく、なかなかアクションプランに落とし込める内容ではありません。書き出しの「ライフステージ等の類型」について、その実態を見ていくことにしましょう。

例えば、このソリューション（例）の書き出しにおける「ライフステージ等の類型」の項目は、「創業・新事業開拓を目指す顧客企業」となっていますが、銀行の支店の貸出担当者は、その詳細項目である「技術力・販売力や経営者の資質等を踏まえて新事業の価値を見極める」「公的助成制度の紹介やファンドの活用を含め、事業立上げ時の

資金需要に対応」まではとてもできないものと思います。
　新規事業を始める企業は、業務経験も資本の蓄積もありませんし、金融機関との取引歴も少なく、銀行担当者との親密度も浅く、ざっくばらんな意見交換は難しいと思います。約百社・数十社という多くの担当先企業を管理しなければならない銀行担当者にとっては、このような技術力・販売力や経営者の資質等を習得して、新事業の価値を見極めることなど、現実問題として不可能であると思います。
　また、助成金や補助金の制度は、毎年、頻繁に変わりますし、多数に及ぶファンド活用については細目まで絞り込まれた申請条件の情報を集め、その複雑な条件を吟味して、企業に的確にアドバイスを行うことも、現実的ではありません。もし、この2つの項目を乗り越えられたとしても、これらの創業企業に対して、効果的なモニタリングを、銀行の担当者自身が行い続けることはできないと思います。
　については、このソリューション（例）を実現するには、金融機関としては外部専門家・外部機関等と連携を上手く組むしかありません。銀行外の専門家などにとっては、ここに書かれている「公的機関との連携による技術評価、製品化・商品化支援」を行い、「地方公共団体の補助金や制度融資の紹介」、また「企業育成ファンドの組成・活用」などは、実現することはさほど難しいことではありません。
　そこで、銀行担当者は外部専門家・外部機関と連携を組んで、このようなソリューションを処理するべきです。その時に、銀行担当者が、SWOT分析を行っていたならば、その外部連携が円滑にできるようになります。経営者と外部専門家の双方に、銀行の担当者がSWOT分析の内容を話し、今後の自行の支援内容や必要とする情報開示資料を具体的に伝えることができたならば、このソリューション（例）の実現性は大いに高まります。

スキルが高く、経験豊かな外部専門家・外部機関にとっても、銀行は資金供給・貸出を行うことができ、情報の宝庫であって、広いネットワークで業務支援を行ってくれる有難い存在です。この外部専門家などと金融機関の両者が、担当者の「SWOT分析」によって連携を組むことは、大きな相乗効果を生み出します。

③

　銀行員を扱ったテレビドラマ「下町ロケット」「半沢直樹」「花咲舞が黙ってない」などが高視聴率を上げています。銀行支店長の横暴な言動や行動を、まるで「水戸黄門が悪代官を懲らしめる」ように描かれ、最後には、その傲慢でズル賢い強者をバッサリ切り捨てるというような痛快な筋書きが目立っています。いずれにしても、銀行員の多くは「天気の時は傘を貸し、雨が降ったら傘を取り上げる」というような、形式的で情を理解しない冷たい人のように描かれています。しかし、今の銀行は、貸出の返済については、全くその様子と違っています。

　銀行が、貸出期日が到来したので取引先に返済を頼んでも、返済を行ってくれる先は少なくなっています。このように返済猶予を受けている中小企業は、「他行さんは返済督促などしないのに、なぜ、あなたの銀行だけが返済を求めるのですか。」と突っぱねます。「なぜ、返済できないのですか。」と踏み込んで銀行が質問すると、「銀行はコンサルティングをやってくれると聞きました。その理由はむしろ教えてもらいたいものです。」と言われることもあるようです。

　最近では、銀行は無料で経営コンサルティングをしてくれるという話も、中小企業の間にかなり広がっているようです。貸出担当者は、専門的な経営コンサルのスキルや情報を持っていると思われ、そのよ

うに扱われるようです。そのためか、逆に貸出担当者が、経営コンサルティングに対し、ビビってしまっているとも言われています。しかし、経営コンサルのスキルや情報は、かなり専門的であり、数年程度の勉強ではなかなか身に付くものではありません。

　しかし、「SWOT分析」ならば別です。貸出担当であるならば、誰でも「SWOT分析」は知っていますし、銀行内部においても、「SWOT分析」は、支店長や本部審査部メンバーからも突っ込んだ質問を受けた時の対応に使っています。この時の「SWOT分析」はかなり深く掘り下げなければなりませんが、まだまだ、取引先への「経営コンサルティング」のレベルまでには、高まっているとは言えません。

　とは言うものの、最近では、中小企業自身でコンサルティングを受けることが広がり、税理士・公認会計士・認定支援機関、中小企業診断士・商工会や商工会議所の経営指導員、また再生支援協議会メンバーなどが、中小企業に対し専門的な経営コンサルを行ってくれることを認識しているようです。銀行員に対しては、このような専門家に求めるコンサルティングの成果物や報告書までは期待されなくなり、「SWOT分析」とそれに繋がるアドバイスをもって、銀行のコンサルティングと認めてくれるようにもなっているようです。

　いずれにしても、銀行員にとっては、コンサルティングや経営改善計画書策定支援は必須であり、その両者の活動を円滑に行うためには、「SWOT分析」はなくてはならないスキルであり、ツールになっています。

　本書では、銀行員にとって欠かせない「SWOT分析」について、その周辺も含め広くかつ深く解説すると同時に、実務につながる情報や事例をご紹介いたします。

第 *1* 章

たかがSWOT分析、
されどSWOT分析

1 SWOT分析は企業コンサルティングの第一歩

ア SWOT分析とは

　取引先や同僚からビジネスに関する話を聞いていて「何となくわかるけど、完全には理解できない」、あるいは自分が話をしていて「すべて話はしてみたが、しっかり伝わっていない」という経験は誰にでもあるかと思います。そのようなことは何故起こるのでしょうか。

　ある程度実務経験を積んだビジネスマンであれば、知識や経験の違いよりも、話の全体像や切り口といった構造（フレームワーク）が伝わっていないためにお互いの話の理解を困難にしていることが多いでしょう。内容はよくても話の構造がすっと頭に入ってこないと内容自体の理解が進まずに、せっかくのプレゼンや交渉が上手く進まずにビジネスの機会を潰してしまいかねません。

　一般的な文章や説明の際のテクニックとして起承転結や演繹法・帰納法、三段論法といったものがありますが、それらもすべてフレームワークの一種です。ビジネスの世界でも多くのフレームワークが使用されており、それらを使いこなすことがビジネスを円滑に進める一助となっています。

　企業コンサルティングの現場では、多くの戦略フレームワークと呼ばれる分析ツールが使われています。戦略フレームワークにはさまざまなものがありますが、共通することは、経営を取り巻く複雑な物事を、構造化・単純化して、素早く捉えられるようにするためのものです。

　以下に代表的な戦略フレームワークを掲載します。

第1章　たかがSWOT分析、されどSWOT分析

No.	名称	説明	図		
1	3C分析	3つのCである「Customer（顧客）」「Competitor（競合）」「Company（自社）」に要素を整理し今後の事業展開を分析する。	Company（自社）／Customer（顧客）／Competitor（競合）		
2	5Forces分析	業界の競争要因を「競合企業間の敵対関係」「売り手の交渉力」「買い手の交渉力」「新規参入業者の脅威」「代替品の脅威」の5つの力に分けて分析する。	新規参入業者の脅威／売り手の交渉力／競合企業間の敵対関係／買い手の交渉力／代替品の脅威		
3	PEST分析	マクロ環境をP=Political（政治）、E=Economic（経済）、S=Social（社会・ライフスタイル）、T=Technological（技術）という4つの分野に分けて自社への影響を分析する。	項目	具体例	
			P＝政治環境(Political)	法律改正や政権交代、裁判制度、判例	
			E＝経済環境(Economic)	GDP成長率の増減や消費の動向、失業率、株価、金利、為替レートの変動	
			S＝社会環境(Social)	文化の変遷や世間の関心、人口動態、教育および宗教	
			T＝技術環境(Technological)	インターネットサービスおよびIT化の技術革新	
4	マーケティングミックスの「4P」	自社の内部環境を4つのP「Product（製品）」「Price（価格）」「Place（流通）」「Promotion（プロモーション）」に分けて今後のマーケティングプランを分析する。	項目	具体例	
			Product（製品）	機能、品質、デザイン	
			Price（価格）	価格、支払条件、値引き	
			Place（流通）	販売チャネル、物流	
			Promotion（プロモーション）	広告、販売促進、ＨＰ	

5	バリューチェーン分析	自社のバリューチェーン（価値連鎖）を整理した上で、マージンを大きくできるプロセスがないか、コストを削減できるプロセスがないかを分析する。	主活動：購買物流／製造／出荷物流／販売マーケティング／アフターサービス　マージン 支援活動：技術開発／人事労務／全般管理
6	PPM（Product Portfolio Management）分析	企業の事業や商品を「市場占有率」と、その市場の「市場成長率」の2要素によりポジショニングし今後の戦略を分析する。	市場成長率（縦軸 高←→低）×相対市場シェア（横軸 高←→低） 花形製品（Star）キャッシュイン大／キャッシュアウト大 問題児（Problem Child）キャッシュイン小／キャッシュアウト大 金のなる木（Cash Cow）キャッシュイン大／キャッシュアウト小 負け犬（Dog）キャッシュイン小／キャッシュアウト小
7	SWOT分析	自社の現在の状況を、内部要因として「Strength（強み）」と「Weakness（弱み）」、また外部要因として「Opportunity（機会：ビジネスチャンス）」と「Threat（脅威）」に分けて整理し、その組み合わせから今後の方向性を分析する。	内部環境：Strength（強み）／Weakness（弱み） 外部環境：Opportunity（機会）／Threat（脅威） クロスSWOT分析： Opportunity（機会）×Strength（強み）：「強み」を活かして「機会」をどのように捉えるか？ Opportunity（機会）×Weakness（弱み）：「機会」を逃さないために「弱み」にどのように対処するか？ Threat（脅威）×Strength（強み）：「強み」を活かして「脅威」をどのように克服するか？ Threat（脅威）×Weakness（弱み）：「弱み」と「脅威」のリスクにどのように対処するか？

本書のテーマであるSWOT分析も、この戦略フレームワークの一つです。

　SWOT分析とは、企業の「内部環境の要因」である「Strength（強み）」と「Weakness（弱み）」、「外部環境の要因」である「Opportunity（機会）」と「Threat（脅威）」の頭文字をとったものです。

　企業経営を行っていくなかでは、「競合他社からシェアを取り戻す」「新商品を投入し軌道に乗せる」「重点顧客を攻略する」といったようなさまざまな目標を設定します。その目標を達成するための「今後どうすべきか」という大きな方針を定めるためには、現在自社や商品が置かれている環境を正しく認識する必要があります。その環境認識を行い、大方針を定めるためのツールがSWOT分析ですが、他のフレームワークよりもこのSWOT分析はビジネスマン・銀行員ならほとんど誰でも認識できるポピュラーなフレームワークと言えます。

　SWOT分析を行うと、明日からやるべきことがすべて可視化されるわけではありませんが、「情報の整理」と「方向性の決定（経営指針）」が容易にできます。「方向性の決定（経営指針）」に過ぎないといえども、経営指針をより具体化した経営計画（行動計画、計数計画）を策定するためには、経営指針を基にした行動計画や数値目標の策定が必要となっていきます。その軸となる「経営指針」がSWOT分析で明らかになります。ただし、ここで注意しておきたいのが、SWOT分析はすべての問題を解決してくれる魔法のツールではないということです。複雑な物事を構造化・単純化して、素早く捉えられるようにするための道具に過ぎないということです。すなわち「たかがSWOT分析、されどSWOT分析」なのです。SWOT分析の効用と限界を理解し、道具を正しく使う必要があります。

　そこで、このポピュラーと言えるSWOT分析とここまでご紹介し

た他の戦略フレームワークの関係を整理し、事業調査・計画策定との関係を図示することにします。

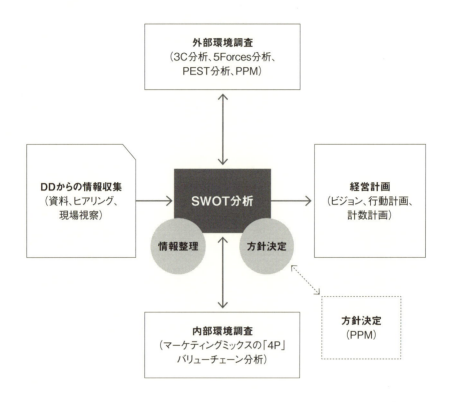

　経営計画を策定するという目的においては、資料調査や経営者・従業員へのヒアリング、店舗や工場など現場視察などの調査活動を通じて収集した情報を整理し、方向性を決定するための道具が必要です。その道具こそ、SWOT分析なのです。

　SWOT分析はさまざまな戦略フレームワークの一番基本であり、土台となるものと考えられますので、その他の戦略フレームワークを補完的に使いながら、SWOT分析に戻ることによって、全体的な把

握を容易に行うことができます。例えば、3Cなどの戦略フレームワークが「用途限定型」であるのであれば、SWOT分析は「汎用型」のフレームワークです。「たかがSWOT分析、されどSWOT分析」なのです。

次からは、SWOT分析の進め方やSWOT分析でわかることを見ていきます。

イ SWOT分析の進め方・SWOT分析でわかること

まず初めに、SWOT分析の進め方です。進め方は「情報整理」と「方針決定」の2ステップに分かれます。第1ステップは「情報整理」であり、4つの象限のそれぞれに外部環境の機会・脅威、内部環境の強み・弱みをピックアップしていきます。第2ステップは、その4象限の内容をもとに後段で詳しく述べるクロス分析を行い、「方針決定」を行います。

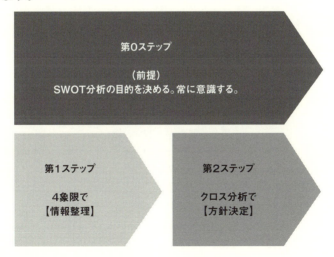

それでは、各ステップを見てきます。

● 第0ステップ（前提）：目的を決める。常に意識する

　SWOT分析の進め方としては、2つのステップで進めますが、その大前提であり、常に意識することは、「何のためにSWOT分析をするのか」という目的です。その目的により、ピックアップされた情報も、機会であるか・脅威であるか、あるいは、強みであるか・弱みであるか、が変わってきます。往々にして、機会と脅威はコインの表裏であり、その視点により変わります。

● 第1ステップ：情報を整理する

　まずは情報を集め整理していきますが、その対象となる切り口が、ここまでも何度も出てきた「内部環境」と「外部環境」です。自社の社内事情や商品の物事である「内部環境」と、自社を取り巻く物事である「外部環境」を整理していきます。内部環境および外部環境の物事としては以下のようなものがあります。

分類	物事の例
内部環境	社長・後継者の経営力、カリスマ性 管理者・現場担当者の能力や士気 熟練職人の技術力 工場や生産設備 地域に根差した仕入力 優良な販売先や顧客の存在 老舗のブランド・信用力 内部組織の体制や管理力、組織風土
外部環境	市場動向 競合他社 地域の人口動態 政治・法令 経済状況 科学技術

上記をピックアップするときは、前項でもご紹介した戦略フレームワークを活用することも有効です。外部環境であれば、切り口として、3Cの「顧客」「競合」「自社」、5Forcesの「売り手の交渉力」「買い手の交渉力」「新規参入業者の脅威」「代替品の脅威」「競合企業間の敵対関係」、PEST分析の「政治」「経済」「社会」「技術」といったように、戦略フレームワークには多くの切り口のヒントがあります。

　内部環境も同様に、マーケティングミックスの「4P」、バリューチェーン分析の「各業務プロセス」、経営資源の「ヒト・モノ・カネ」といった切り口が活用できます。情報をピックアップすることに詰まったときは、SWOT分析以外の戦略フレームワークを思い出し、活用してみてください。

　上記の各観点でピックアップされた情報は、以下のような4象限マトリクスに配置していきます。内部環境および外部環境のそれぞれの物事が、目標達成のための「強み」となるのか「弱み」となるのか、また、「機会」となるのか「脅威」となるのか、を整理していきます。

機会	脅威
・目的達成のために、自社にとって追い風となる外部環境の事象を配置する	・目的達成のために、自社にとって向かい風となる外部環境の事象を配置する
強み	弱み
・目的達成のために、活用できる自社の経営資源を配置する	・目的達成のために、克服しないといけない、あるいは見切りをつける自社の経営資源を配置する

● 第2ステップ：方針を決める

　第1ステップで情報を機会・脅威、強み・弱みに整理できたら、その次に目標達成のために、

- どのように強みを活かしていくか？
- どのように弱みを克服していくか？ あるいは、切り捨てる部分はあるか？
- どのように機会を捉えていくか？
- どのように脅威を回避していくか？ あるいは、身を守っていくか？

を検討していき、大方針を決定していきます。検討の際のポイントとしては、内部環境および外部環境の関連をしっかりと意識することです。内部環境、外部環境をそれぞれ個別に検討するのでなく、「機会を確実に捉えるためにはどのように強みを活かせばよいのか」「脅威から身を守るためにどのように強みを活かせばよいのか」といったように考えていきます。

そのために、内部環境および外部環境のそれぞれを個別に検討するのではなく、以下のようなマトリクスを用いて、内部環境および外部環境を一体として検討することが多いのです。これは**クロスSWOT分析**と呼ばれるものです。

	機会 ・目的達成のために、自社にとって追い風となる外部環境の事象を配置する	脅威 ・目的達成のために、自社にとって向かい風となる外部環境の事象を配置する
強み ・目的達成のために、活用できる自社の経営資源を配置する	「強み」を活かして「機会」をどのように捉えるか？	「強み」を活かして「脅威」をどのように克服するか？
弱み ・目的達成のために、克服しないといけない、あるいは見切りをつける自社の経営資源を配置する	「機会」を逃さないために「弱み」にどのように対処するか？	「弱み」と「脅威」のリスクにどのように対処するか？

クロスSWOT分析を行うと、「今後どうすべきか」という方針が多く導き出されます。多くの方針が導き出されますが、ヒト・モノ・カネなどの経営資源に限りのある中小企業がすべての方針を実行することはできませんし、また効果的でもありません。

クロスSWOT分析から導き出された方針の中から、当初の目的（目標）達成のために効果があり、効率的な方針を取捨選択していくことになります。ただし、ここまでの整理が出発点です。初めから結論ありきで整理していくと見逃してしまう物事もあります。まずはピックアップして整理していくことが重要です。当初の目的（目標）は常に意識してください。物事のリスト化に集中してしまうと有益な結論を見つけ出すことが困難となってしまうためです。

このような整理の仕方は、企業コンサルティングや金融機関との交渉の現場では一般的な方法であるため、しっかり経営の勉強をしている経営者、融資・審査経験の豊富な上長や本部担当者および外部の専門家（顧問税理士、経営コンサルタント）も頭の中ではこのような整理の仕方をしています。そうした関係者と会話する際にも、このような整理ができていると、話を非常にスムースに進めることができます。

SWOT分析は戦略フレームワークのなかでも最もポピュラーなツールであり、企業コンサルティングや金融機関との交渉に関わる人たちであれば誰でも知っているツールであるため、誰でも知っているからこそ、誰とでも話をスムースに進めることができる非常に優秀で有益なツールなのです。すなわち、「たかがSWOT分析、されどSWOT分析」なのです。

では、より具体的に業種別のSWOT分析を見ていきましょう。

2 事例に見る戦略別SWOT分析

　SWOT分析を行う際には、どのような目的の達成に向けた方針を得たいのか、分析を行うそもそもの目的を明確に設定しておく必要があります。目的なしに分析を行うことは時間の浪費となります。「Strength（強み）」と「Weakness（弱み）」、「Opportunity（機会）」と「Threat（脅威）」についても、目的をどの空間に置くか、どの時間に置くか、比較対象をどこにするか、によってリストアップされる項目も変わってきますし、結論も変わってきます。SWOT分析を行う際には、どのような目的で、どのような目的に向けて分析を行うか、まず初めに決定することが大切です。

　以下、企業戦略である「ビジネスモデルの再構築」、顧客戦略である「重点顧客の発見とマーケティング」、商品戦略である「地域資源を活用した新商品開発」の各テーマを中心にして、SWOT分析の具体的な進め方を見ていきましょう。

ア　ビジネスモデルを見直す
　──代々続く家業との決別、現在の強み事業へ注力

　まず初めに、企業全体の戦略である「ビジネスモデルの見直し」を目的としたSWOT分析です。成熟化した日本社会ではビジネスモデルの見直しに迫られている企業が数多くあり、政府も転廃業の支援を本格化させています。そのような転廃業を含めた企業戦略を抜本的に見直しする際にもSWOT分析はとても有効なツールであり、SWOT分析により企業が置かれている現在の環境を整理し今後どのような方

向を目指せばよいのかが明確となってきます。

　一般的に業歴も長くなるとビジネスモデルが時代と合わなくなり構造的な慢性赤字状態に陥ることが多くなってきます。その典型例が代々続く家業です。家業への思い入れが強いからこそビジネスモデルの見直しなど抜本的な判断が遅れ、状況を一段と悪化させてしまいます。そのような歴史ある企業の多くは経営者をはじめ経営者一族が不動産などの資産を豊富に保有しているケースが大半です。経営者自身もその不動産の売却資金をあてにして赤字を垂れ流し状態で事業継続をしてしまう、さらに金融機関もその不動産を担保あるいは背景としズルズルと資金を貸し出してしまうことがあります。

　転廃業を行うにも一定の資産があった方が選択肢は広がります。会社および個人の資産をすべて失ってしまう前に抜本的なビジネスモデルの見直しを経営者と検討しなければ、地域に多くの損失を生んでしまうことになります。

　以下は、東海地方のとある県にて大正時代より代々住設機器卸売業を営むA社のSWOT分析の例です。住設機器卸売業はメーカー自体の商品力やブランド力に自社の業績を大きく左右されるという特徴があります。また、ここ10年間でメーカーの統合が進んだことが各メーカーの販売代理店に大きな影響を与えました。

　統合した際のメーカー側の力関係がそのまま地場の販売代理店の力関係となってしまい、どのメーカーに付いていたかが現在の競争環境を決定づける大きな要因となっています。吸収されたメーカーに付いていた販売代理店は狭い地域の市場において立場が弱くなることが多いのです。

　A社も吸収された側のメーカーの販売代理店であったために大変な苦戦を強いられており、とても自社の努力だけでは業績改善を図るこ

とが困難となっておりました。そのような苦境に陥っていることはＡ社の経営者自身も認識はしておりました。

しかし、代々続いてきた家業だけに事業継続を諦めることができずに赤字を垂れ流す結果となっており、その赤字は代々保有してきた土地やマンションなどの不動産売却資金で埋めている状態でした。一方で、近年、社長がご自身の人脈などを活かし始めた環境関連のビジネスについては好調の兆しがありました。

Ａ社の経営者とともに行ったSWOT分析は、以下のとおりとなります。

＜STEP 1：SWOT分析＞

機会	脅威
・環境関連ビジネスの拡大が期待される 【太陽光】安定的な市場推移が見込まれる 【熱交換器】環境負荷低減や省エネニーズが高まっている	・住宅・建築物の着工数が減少し、住設機器需要も減少している ・メーカーの統合が進み、各地域での販売代理店が過剰となっている
強み	弱み
・Ａ社は地元での知名度は高く長年の取引顧客を持つ ・社長の幅広い人脈により優良な環境関連ビジネスの見込顧客が多数いる ・多数の環境関連商材の販売権を持つ ・現状でも新規事業への投資余力を持つ（経営者の個人資産）	・住設機器卸売事業の管理者や職人が高齢化している ・賃金や待遇面の改善ができずに、定着率が悪化している

＜STEP 2：クロスSWOT分析＞

	機会	脅威
	・環境関連ビジネスの拡大が期待される 【太陽光】安定的な市場推移が見込まれる 【熱交換器】環境負荷低減や省エネニーズが高まっている	・住宅・建築物の着工数が減少し、住設機器需要も減少している ・メーカーの統合が進み、各地域での販売代理店が過剰となっている
強み ・A社は地元での知名度は高く長年の取引顧客を持つ ・社長の幅広い人脈により優良な環境関連ビジネスの見込顧客が多数いる ・多数の環境関連商材の販売権を持つ ・現状でも新規事業への投資余力を持つ（経営者の個人資産）	・一定の顧客に魅力的な商材の販売権を有しているため、地域での知名度・社長の人脈を活かすことで新規事業を伸ばすことが可能である	・地域での競争環境からいくと、住設機器卸売事業での挽回は非常に困難である
弱み ・住設機器卸売事業の管理者や職人が高齢化している ・賃金や待遇面の改善ができずに、定着率が悪化している	・新規事業には、従来の住設機器卸売業のような職人および従業員数は不要である	・構造的に苦境であり慢性的な赤字状態であるなかで、待遇面の改善や職人の補充・育成は非常に困難である

＜STEP 3：結論＞

　SWOT分析・クロスSWOT分析まで行った結果、家業である住設機器卸売業の改善の可能性はほぼありませんでした。経営者も薄々は認識していましたが、SWOT分析を通じた整理を行ってみるとその事実が現実のものとして明らかになりました。

　一方で、経営者が始めた新規事業については将来性があることがわかりました。さらに、新規事業を本格的に立ち上げるためには当面の運転資金が必要となるため、経営者の個人資産を含めた投資余力があるうちに決断をしなければならないこともわかりました。

　この度A社では代々続く住設機器卸売業からは撤退し、A社の存続のため新規事業に賭けることを決定しました。ビジネスモデルの見直しという大きな決断をする際には、複雑な状況を整理し客観視するためにもSWOT分析というベーシックな分析手法はとても有効なのです。

イ 重要な顧客に気付き、マーケティング戦略を立てる
　　― 宿泊業の法人接待需要の取り込み

　次に、顧客戦略である「重点顧客の発見とマーケティング」を目的としたSWOT分析です。国内の人口減少・少子高齢化、ライフスタイルの多様化、SNSに代表されるコミュニケーションのデジタル化などにより、企業が商売相手とする顧客が変化し、またその顧客との接点にも変化が生じています。

　そのため、「自社の顧客は誰か？」を常に正しく認識し、そのターゲット顧客に適した営業戦略、販売促進などのマーケティングを行っていなければ、自社の努力に反し業績向上や経営改善は実現困難となってしまうでしょう。

顧客が変化し、そしてマーケティング要素の変化が複合的に絡まるからこそ情報を整理することがマーケティングの出発点となります。そのような整理の際にもSWOT分析を使います。

顧客の変化は気づきにくいことが大半です。地域に密着し、その地域の顧客のみを商売相手としている小売業やサービス業であれば、近隣の宅地開発、学校やショッピングモールの進出などの目に見える変化があるため、顧客の変化にも気づきやすいです。

一方で、ホテルや旅館といった宿泊業などでは、県外あるいは海外など遠方よりお客様が自社を訪れることとなり、顧客の変化が身近で実感できる変化ではなくマクロ的な変化となるケースが多くなっていきます。

宿泊業においてはインバウンド需要の取り込みや高単価な富裕層の獲得といった"定番"のマーケティングの施策があります。課題売込み型のコンサルタントや経験の少ない一部の金融機関担当者などがそのような"定番"のマーケティング施策を半ば強引に提案し導入検討をさせていることが散見されます。

しかし、それらの施策は一部の都市部に限られる話であったり、そもそも需要量に限界があったりと必ずしも有効な対策とならないことがあります。自社に適さない"定番"のマーケティング施策を導入してしまったことにより、現場が混乱し既存顧客の離反が起き、そして新規顧客の獲得すら想定通りに進まずに大きな経営問題へと発展してしまうこともあります。現場も知らずに一般的知識のみでミスリーディングをしてしまうことの危険性については、我々のようなコンサルタントや金融機関の担当者など外部関係者は常に意識し注意を払うべきです。

以下は、中部地方のとある県にて江戸時代より続く老舗温泉旅館で

あるB社のSWOT分析の例です。温泉旅館も老舗としての看板だけで集客することは難しくなっています。また、自社単独での競争というよりも観光地としての地域間競争という色合いも濃いために、宿泊場所としての自社の限界も生まれてしまいます。B社もこの10年間で宿泊者の減少とともに売上が漸減し、直近3年間は営業赤字に転落していました。

そのような状況に対しB社では、老舗温泉旅館である自社の魅力を発信し集客するためにホームページに外国語サイトをオープンしたり、高価格帯専門の宿泊サイトに新規出店したり、若女将を中心に試行錯誤を繰り返していました。それらの施策が全く効果がなかったわけではありませんが、当該地域への入込客自体が減少しているなかで自社単独の努力での宿泊者獲得では限界があり、利益確保までには至りませんでした。

ただ、よく外部データを確認したところ当該地域の入込客のうち日帰り客は微増傾向にあり、宿泊地として選ばれることは減ってしまっても観光地としての魅力は失っていないようでした。当然B社でもその変化は肌感覚として認識しており、見よう見まねで日帰り客向けの入浴サービスを開始していましたが、単価設定が低いこともあり利益改善への効果は限定的でした。

さらにB社の内部データを調べ、経営者や若女将、支配人など従業員の話を聞いたところ、B社では特徴的な顧客層を有していることがわかりました。日帰りの会食を目的とした法人客です。

B社は歴史ある風光明媚な観光地に所在していますが、県の中心部から車で30分ほどの距離であり、また近隣には製造業が多数集積している地域があることもあり、法人の接待需要が相応にありました。近年では近隣地域の製造業が海外向けの生産を強化していることで海

外からの外国人ビジネス客が増えていることもあり、それら外国人に受ける接待を求める企業ニーズもありました。

B社ではこれまで"宿泊業"である旅館へのこだわりが強かったために、一般的に低単価となる日帰り客にはあまり注目していませんでしたが、法人の接待需要であれば高単価も望め、さらには自社のファンを作るきっかけとなり次回以降の宿泊販売にもつながるという相乗効果も期待ができました。

B社の経営者とともに行ったSWOT分析は、以下のとおりとなります。

＜STEP 1：SWOT分析＞

機会	脅威
・当該エリアへの自然や歴史・文化を目的とした日帰り観光客が増加傾向にある ・近隣の製造業の集積地に外国人ビジネス客が増加している	・当該エリアへの宿泊客は減少傾向にある
強み	弱み
・数寄屋造りの歴史と風情ある旅館である ・旅行情報誌の「認定の宿」に選ばれている ・地元食材にこだわった料理が提供できる ・社長が地元の観光協会などの役員を歴任している ・若女将と支配人が法人接待の対応力がある	・当社の魅力、コンセプトが統一されていない ・顧客リストが活用されていない

＜STEP2：クロスSWOT分析＞

	機会 ・当該エリアへの自然や歴史・文化を目的とした日帰り観光客が微増傾向にある ・近隣の製造業の集積地に外国人ビジネス客が増加している	脅威 ・当該エリアへの宿泊客は減少傾向にある
強み ・数寄屋造りの歴史と風情ある旅館である ・旅行情報誌の「認定の宿」に選ばれている ・地元食材にこだわった料理が提供できる ・社長が地元の観光協会などの役員を歴任している ・若女将と支配人が法人接待の対応力がある	・日帰り法人接待客に対し、自社の強みである歴史ある建物で、こだわりの料理を提供することが可能であり、当該地域の温泉旅館だけでなく近隣の会食会場との差別化も図ることができる	・自社の歴史や料理などの強みを活かした商品・サービス改善を重ね、当社のファンである固定客の維持に努める
弱み ・当社の魅力、コンセプトが統一されていない ・顧客リストが活用されていない	・宿泊客だけでなく、日帰り法人接待客にもわかりやすい当社の魅力、コンセプトをまとめるとともに、日帰り法人接待客を開拓するための営業戦略を策定する	・宿泊客は減少しているが、自社の価格帯・コンセプトに合わない顧客層はターゲットとしない

<STEP 3：結論>

　SWOT分析・クロスSWOT分析を行った結果、利益回復へ向けて新たに上積みできる顧客層として接待需要の法人客を発見することができました。また、その顧客層を開拓するために必要な経営資源として、歴史ある建物・地域食材を活かしたこだわりの料理、社長の地域法人とのネットワーク、若女将・支配人の法人接客スキルが自社には存在していることが整理でき、それらを組み合わせた営業施策をまとめることができました。

　当然ですが、現在の固定ファン層を維持することやインバウンド宿泊客（新規の宿泊客）を取り込んでいくこと等のこれまでの努力は継続します。SWOT分析を通じて、プラスアルファとしてやるべき明確なことがB社の経営者・従業員の皆様が自信を持てる具体的な施策として発見することができました。

ウ 地域にある資源で新商品を作る
― 新たな地場野菜への既存加工技術の応用

　最後に、商品戦略である「地域資源を活用した新商品開発」を目的としたSWOT分析です。インターネットの進展による商圏の広域化・競合の多様化、それに付随した物流の迅速化・高度化が年を追うごとにスピードを増しており、競争環境がよりハイレベルなものになっています。商圏に垣根がなくなることで新たな顧客獲得や販路拡大のチャンスが増す一方で、新たな企業や地域との競合によりこれまでの自社の優位性や差別化要因が失われるリスクが高まっています。

　今日のような変化が激しく商圏が拡がっていく時代だからこそ、地域資源の活用が差別化のためにより重要となっています。ただし、活用できる地域資源はその地域にいると意外に気づかないことも多く、

あるいは自社としてどのように活用することがよいのかわからないことも多いものです。そのような地域資源の発見と活用を検討する際にも、SWOT分析による情報整理と方針決定が有効となります。

地域資源産業の代表格と言えば、観光業と農林水産業が挙げられます。観光については特に地域に密着した産業であるため、地域外から顧客を呼び込むことが重要な戦略となっています。一方で農林水産業については、地産地消はもちろんですが地域外の日本全国あるいは海外への販売が可能となる地域にとって強力な商品となります。定温輸送の実現など物流の高度化が進んだことで、以前に比べ格段と高いレベルで品質や鮮度を保持したまま配送することが可能となっています。

さらに農林水産物をそのまま出荷する農林水産業だけでなく、農林水産物を原料とする食品加工業などの関連業種についても地域資源を活用した差別化が可能となります。地域農林水産物の付加価値を高めるため、あるいは同一地域の他の農林水産業との差別化を図るためにも、地域の加工業者などの他業種との連携は今後より一層重要となるでしょう。

政府においてもTPP発効後を見据えた農林水産業の競争力向上のために、担い手の育成や農地バンクの活用促進などさまざまな取組みを強化しています。その取組みの一つに6次産業化があります。地域資源である農林水産物は1次産業である農林水産業だけに関わるものではなく、生産や加工を行う2次産業、そして卸や小売を行う3次産業にも関わり、地域の産業全体に大きな可能性をもたらすものです。

地域で活動する農林水産業、商工業の企業を有機的に結び付け、地域の競争力を高め個々の企業の収益力を向上させることができるのは、地域に根差し幅広く深いネットワークを有している地域金融機関です。同じ地域の企業でも考え方や価値観は千差万別であり、その違いをま

とめていくことが必要となりますが、方向性の統一化へ向けて関係者の共通言語醸成やコミュニケーション円滑化のためにもSWOT分析は有効となります。特に地域金融機関は地域活性化という使命のためにもSWOT分析を活用していただきたいものです。

　以下は、中国地方のとある県にて食品製造業を営むC社のSWOT分析の例です。C社ではらっきょうの加工品を製造し、主に個人やチェーンの飲食店、スーパーマーケットの惣菜部門への卸販売を行っています。

　創業から5年ほどは県内の個人の飲食店を相手に小規模に事業を展開していましたが、6年目に事業拡大のためらっきょうの産地に隣接した場所に新工場を稼働させました。大幅に増加した生産量に合わせるように大手チェーン店や大手スーパーマーケットへの販売を強化していきました。そこでは国内の他の生産地や海外のメーカーとも競合するようになり、価格競争のなかで利益率は低下していきました。

　さらに、顧客である大手チェーン店や大手スーパーマーケットからの強いコストダウン要請に応えるために始めたらっきょう加工製品の輸入販売はもともと単価が低かったのですが、直近1年間ではアベノミクス以降の急激な円安により輸入価格は高騰して採算は一段と悪化し、一部の商品では粗利ベースでも赤字になっていました。

　C社では金融機関の支援のもとに不採算商品の廃止を進めることとなり、輸入商品だけでなく自社製造品の削減や統合にも着手しました。そこで一つの問題が挙がりました。自社製造品を削減することで自社工場の稼働率が下がってしまい、設備投資に見合う売上高と利益を確保することができなくなってしまうことがわかりました。

　ただ、らっきょうだけでは採算を取りながら生産量を確保することは顧客側の需要の問題もあり困難な状況でした。そこでC社では別の

原料を使用した商品開発を目指すこととなりましたが、これまでらっきょう商品のみを生産してきたこともあり、どのような原料を扱えばよいのか、またその原料を使いどのような商品を開発すればよいのか全く見当もつかない状況でした。

　C社では商品開発プロジェクトを立ち上げ、懇意にしていた大手スーパーマーケットの惣菜担当者などにヒアリングを行いました。その結果、C社の工場が稼働する地域で、冬の間に収穫される春菊が原料の候補として挙がりました。

　その後、自社の設備や加工技術を活かし、どのような商品を作るべきか商品開発プロジェクトで検討したところ、大手スーパーマーケットに対し春菊の"半製品"を商品として販売することにしました。"半製品"とは春菊をサイズで選別しカットして部位ごとに分けたものをゆでた状態の加工品です。スーパーマーケットの惣菜部門では、その"半製品"を袋から取り出し、そのまま和え物や巻物の具として使え非常に好評となり、初年度から品切れ状態のヒット商品となりました。

　C社の商品開発プロジェクトのメンバーとともに行ったSWOT分析は、以下のとおりとなります。

＜STEP 1：SWOT分析＞

機会	脅威
• 食品製造業全体の生産動向は、回復基調にある • 惣菜市場規模は、拡大傾向が続くと予測される • 当該地域には春菊という有力な原料がある	• 漬物生産量、消費量は低下傾向にある • 原料単価の上昇が今後も見込まれる

強み	弱み
• 製造工程に（選別など）品質検査が多く存在し大手得意先からの取引が継続している • 多様な設備、独自の加工技術により、安定した形状のらっきょう商品を製造できる • 商品企画を持ちかける大手得意先との取引がある • 工場内の5S活動のレベルは高く、現場改善力は高い	• らっきょうのみ製造してきたことで、他の原料を用いた商品開発ノウハウがない

＜STEP2：クロスSWOT分析＞

	機会 ・食品製造業全体の生産動向は、回復基調にある ・惣菜市場規模は、拡大傾向が続くと予測される ・当該地域には春菊という有力な原料がある	脅威 ・漬物生産量、消費量は低下傾向にある ・原料単価の上昇が今後も見込まれる
強み ・製造工程に（選別など）品質検査が多く存在し大手得意先からの取引が継続している ・多様な設備、独自の加工技術により、安定した形状のらっきょう商品を製造できる ・商品企画を持ちかける大手得意先との取引がある ・工場内の5S活動のレベルは高く、現場改善力は高い	・スーパーマーケットの惣菜部門に対し、自社の既存設備と加工技術により地域資源である春菊を使い勝手の良い加工品に仕上げて提供することが可能である	・自社が持つ設備や技術を活かしたらっきょう以外の商品開発を行い、らっきょうの生産量の減少を補完する
弱み ・らっきょうのみ製造してきたことで、他の原料を用いた商品開発ノウハウがない	・惣菜市場拡大を取り込む意欲の高い大手スーパーマーケットの担当者が持つ商品開発ノウハウを活用し、自社の商品開発の参考とする	・消費量が減少しているらっきょうを対象とした従来の商品開発を行うのでなく、新しい原料にチャレンジしていく

＜STEP 3：結論＞

　手探り状態でスタートしたC社の商品開発プロジェクトですが、SWOT分析・クロスSWOT分析を活用したことで商品開発を見事に成功させることができました。商品開発にあたり、地域の農作物を活用するとともに自社が保有していた原料の選別機や洗浄機、加工技術を転用することができました。すべて身近な経営資源を活かし、他社では真似できない商品開発を行えました。らっきょうに加え春菊の生産量が新たに増加したことで自社の必要利益も確保することができ、大幅な収益改善が実現しました。

　また、消費者に直接販売できる完成品でなく"半製品"を商品に選択したことで、さまざまな食料品の素材として使用してもらうことが可能となり販売先の拡大にもつながりました。このような結果を得ることができたのも、社外の関係者や社内の製造・営業部門の担当者から出てきたさまざまなヒアリング事項をSWOT分析で"情報の可視化"を図りながら商品開発プロジェクトのメンバーで常に共有していったことが成功要因として挙げられます。

　さらに、今回の商品開発は近隣の農業者にとっても非常にメリットのある取組みとなりました。二毛作により春菊栽培を始めたものの販路がJAなどに限られており、また自分たちで販路を開拓することも困難で単価が低迷していた状況のなか、C社からの仕入提案は非常に嬉しいものでした。6次産業化の取組みを成功させることは地域にとって多面的な利益を生みます。

3 ビジネスフォロー・モニタリングにおけるSWOT分析のポイント

　SWOT分析はとてもポピュラーな分析ツールであるため、企業コンサルティングや金融機関交渉に関わらない人たちでも知っていることが多く、大企業はもちろんですが中小企業においても勉強熱心な経営者や従業員の方々など、SWOT分析を使っている方もいます。あるいは、SWOT分析という言葉自体を知らなくても、「強みと弱み」「機会と脅威」といった物事の整理の仕方を意識している方は多くいらっしゃいます。

　ただし、それらの一般事業会社の経営者や従業員の方は企業コンサルティングを専門に行っているわけではなく、またSWOT分析を行う機会も少ないため、その方々が行うSWOT分析には抜け漏れや検討不足が多く見受けられます。また、SWOT分析を進める際の議論が上手くいっていないケースも多くあります。そういった足りない「視点」を補ったり「気づき」を与えたりするのが、金融機関の担当者や経営コンサルタントの役目です。

　以下では「2. 事例に見る戦略別SWOT分析」で取り上げた事例に沿って、SWOT分析を進める際のポイントを見ていきましょう。

ア 「ビジネスモデルを見直す ── 代々続く家業との決別、現在の強み事業へ注力」から見る【基本的な心得】

　A社の経営者はSWOT分析を行うことでどのような結論が得られるかは、当初から感じてはいたようでした。実際、このビジネスモデルの見直しを行うにあたり、SWOT分析だけでなく事業別や商品分

類別の収益性分析も同時に行いました。

そこで定量面の分析結果だけでなく定性面についてもしっかりと整理された分析結果を私たちコンサルタントとして突きつけましたが、このことで経営者も大きな経営判断が可能になりました。ただし、その決断に至るまでは一筋縄にはいきませんでした。

代々続く家業への思いは、当事者でないとわからない部分が大きいものです。その思いを共有しつつも現在置かれている環境を客観的に整理し、このままいくと将来どのような状況が想定されるのかを提示していくことも、SWOT分析を進める過程においては大切です。一足飛びに答えとなる方向性は出せませんし、またあまりに結論先行で進めると当事者である経営者や従業員の理解を得ることも難しいでしょう。

SWOT分析はロジカルなツールではありますが、その分析過程においては経営者や従業員の志や思いなどに配慮することも重要です。そういった部分への配慮なくして中小企業のコンサルティングを進めることは困難です。また、頑なに議論を拒む経営者の心の扉を開くきっかけとなることも多いものです。

以下は、SWOT分析が一通りまとまり中間報告会を実施した際のA社の経営者の発言でした。

〈中間報告会にて〉

社長：「報告を聞く前に言っておきます。住設機器卸売事業は現時点では利益が出ていないかもしれませんが、大きく現金流出していなければかまわないです。私にはそれなりの個人資産がありますから会社の資金が足りないときにはそれで補てんできます。それに新規事業で始めた環境関連ビジネスは高利益率ですし、そこで当たれば大きな

資金が生まれるのです。そのうち、住設機器卸売事業も回復するでしょう。私の会社は長い歴史と知名度がありますから。」

　このような社長の発言に対し、皆様はどのようなリアクションをしますか？　SWOT分析の結果を提示し、有無を言わせずに押し切ってしまうでしょうか。セグメント別収益性分析の結果からも、住設機器卸売事業から撤退すべきことは明らかでした。論理的な世界で生きる大手企業のビジネスマンが相手であれば、分析結果の"事実"を突きつければ理解を得られるでしょう。しかし、代々続く家業を守ってきた経営者には論理だけでは割り切れない部分が多くあります。

　古代ギリシアの哲学者であるアリストテレスが著書「弁論術」のなかで、人を説得する方法として紹介した3つの要素があります。それは、「ロゴス（論理）」、「パトス（感情）」、「エトス（人柄）」です。それら3つの要素が揃って初めて人を説得することが可能であると紹介したのです。

　経営者や従業員へ報告し真の意味で理解してもらうためには、「パトス（感情）」にも配慮しながら"説得"をすることが必要です。「パトス（感情）」で相手の心にフックし、それから「ロゴス（論理）」に話を進めていくことでスムースに報告や説得が可能となることも多いのです。ロジカルなツールであるSWOT分析を使いこなすためにも、その進め方には充分な配慮が必要です。

　話は戻ります。A社の経営者とSWOT分析の作業を進めていくなかで気づいたことがあります。A社の経営者は本心では住設機器卸売事業が好きではないのです。また、人を使うことも好きではなく、多くの営業マンや職人が必要となる住設機器卸売事業は苦痛でもあったのです。言葉にはしなかったですが、明らかに関心は新規事業として

立ち上げ最中である環境関連ビジネスに向かっていました。
「社長は住設機器卸売事業が好きですか？　やっていて楽しいですか？」
　とても素朴で稚拙な質問のように感じましたが「好きこそ物の上手なれ」という言葉があるように、どんな経営者でも事業に対して自分自身の愛着がないと本気になれませんし、その経営者が本気にならなければ事業が上手くいくことは決してありません。このことは、代々続く家業に対する責任感ある経営者でも同じです。Ａ社の経営者の本心を共有できたところで、SWOT分析で明らかになった事実を伝えていきます。
　Ａ社の経営者は、個人的な資産といった資金的なセーフティネットがあるために、可能性のない住設機器卸売事業をダラダラと続ける選択肢も考えていたようですが、Ａ社で働く従業員の多くの方はＡ社から得る給料で生活をしており、年齢が上がった段階で失業となった際には再就職が困難となることが想定され、Ａ社の経営者の選択が従業員とその家族の生活を破綻させてしまうリスクもありました。また、企業をスリム化することはＡ社の経営者にとっても自分自身の限られた時間と体力を環境関連ビジネスに向けることができます。
　結果としては、SWOT分析を通じて時間や経営資源といった制約を正しく理解してもらい、経営者も納得するビジネスモデルの見直しを実現できました。
　本項で述べたことは、「機会」や「脅威」、「強み」や「弱み」をピックアップするといったSWOT分析を行うための直接的なコツではありませんが、SWOT分析を使い、「情報を整理」し「方向性を決定する」というツール本来の目的を達成するためにとても重要なポイントとなりました。しっかりと理解してほしいと思います。

イ 「重要な顧客に気付き、マーケティング戦略を立てる ― 宿泊業の法人接待需要の取り込み」から見る【SWOT分析のポイント】

　B社では当該地域への入込客が減少しているという事態に直面し、業績改善へ向けた手詰まり感がありました。宿泊業特有の地域密着型というビジネスモデルの呪縛があるために自分たちから市場を変えたり切り拓いたりといった攻めの展開ができません。また、入込客が減少しているなかでは自社単独の努力で宿泊者を増やすことは難しく、インバウンド（新規）需要はあるものの大きな増加は望めません。そのため、新たな顧客が必要という課題はわかっていても何をしてよいのか見当もつかない状況でした。

　そこでB社の経営者や若女将を中心に、顧客戦略のためにSWOT分析を行っていくこととなりましたが、その分析によるビジネスをフォローするにあたり、気が付いた2つのポイントがあります。

　1つ目のポイントは、「①内部環境（特に強み）を先に検討し、②次に外部環境（その強みを活かせる機会（顧客候補））を検討していくこと」です。今回のような顧客がどこにいるのか全く見当もつかないような場合では、外部環境サイドから探していくと散漫となり有益な情報を得られないリスクがあります。

　SWOT分析を進めるなかでは内部環境から外部環境という一方向だけでなく、内部環境の検討に詰まった際などにはその逆方向から検証していくことも重要です。

　いずれにしても内部環境、外部環境に関する情報を万遍なくリストアップし、そのあとに分析していくという一方向への分析は効率的ではありません。どちらかに軸を置き、「強みを活かせる機会はないか」「機会を捉えるための強みはないか」といった双方向の考え方をとるべきです。

2つ目のポイントは「強みを顧客視点でリストアップする」ということです。マーケティング分野の言葉としてマーケットイン（顧客視点）、プロダクトアウト（自社視点）というものがありますが、まずは顧客視点で検討していくべきでしょう。経営者やベテラン従業員はその事業のプロであるためか、自社から見た強み（発信したい強み）についてはよく理解されていることが多いようです。

一方で、顧客から見た強み（発信すべき強み）については、しっかりとは理解されていないことが大半と言われています。事業のプロだからこそ、まずは顧客視点からスタートするべきです。また、顧客については現在の業種という固定観念に限定せずに幅広く想定するべきです。これはなかなか難しいのですが、多くの要素をマルチに考える必要があります。宿泊業であれば、一人の顧客に対し、温泉、食事、施設といった複数のサービスを提供しています。それらのサービスをばら売りするようなイメージを持つことが大切です。そのことで、宿泊業の顧客を宿泊者に限定せずに幅広く想定することが可能となります。

その他に「弱みのリストアップはほどほどに」というポイントがありました。経営資源に乏しい中小企業においては、改善することが現実的でない「弱み」も多くあり、沢山弱みをリストアップしてみたが「徒労に終わり気持ちが暗くなってしまった」、「個人攻撃となりケンカになってしまった」ということにもなりかねません。

B社の経営者と若女将とSWOT分析を進めた結果、「接待需要の法人客」という新たな顧客開拓の機会を発見することができましたが、そのきっかけは正にここで言う「強みの整理」でした。「顧客からどのような評価をもらっているか？」というテーマについてディスカッションしていたところ、そのなかで「料亭にも負けないこだわりの料

理と雰囲気のある建物」というものが挙がりました。「温泉」や「宿泊」でなく、「料理」と「建物」であれば、宿泊客や日帰り温泉客以外にも訴求できる可能性がありました。

　そのような観点から自社の顧客リストを見返すと「接待需要の法人客」がいることに改めて気づき、周辺の外部環境を調べたところ、そのような需要が今後はさらに増していく傾向であることが再度わかりました。B社では「宿」から「料亭」へとコンセプトチェンジを行い、周辺の競合旅館との差別化を図るとともに、新たな顧客である法人開拓を積極化させていくことに改めて注力することになりました。

ウ 「地域にある資源で新商品を作る ── 新たな地場野菜への既存加工技術の応用」から見る【クロスSWOT分析のポイント】

　「なぜ大手スーパーマーケットチェーンとの取引を開始・拡大することができたのか？」。C社でSWOT分析を行う際にも顧客視点から見た強みを出発点にSWOT分析を進めていきました。

　新商品開発プロジェクトチームで挙がった強みは、「手作業と機械の選別により徹底した品質管理」、「キレイな角が立つ野菜のカット技術」でした。海外生産や自社生産ラインの効率化などにより得意先からのコストダウン要請に応えてきたことは、これまで取引が継続してきた一つの要因ではありました。ただし、価格だけであれば同水準の競合他社はありましたので、C社が選ばれた理由は他にもしっかりとあったのです。そういった真の強み（差別化要因）は顧客視点に立つことで明確となります。

　また、C社では新商品の原料を発見するために、自社のプロジェクトメンバーだけでなく得意先担当者にもヒアリングを実施し、顧客視点から当該地域にある機会（新しい原料）を探していきました。プロ

ジェクトメンバーは懇意にしている得意先担当者に対し「惣菜部門で伸ばそうとしている商品は何か？」「そこで使われる材料は何か？」「その材料を使う際に困っていることはないか？」など、これまで自分たちが扱っていたらっきょうにこだわらずに幅広い観点から意見を求めていきました。

　意見を聞く際には自社の強みである「品質管理」と「カット技術」を念頭に置き、それらの強みを活かせるものはないか探していきました。そのなかで挙がったものが、当該地域が産地の一つとなっている春菊でした。商品開発や事業転換に関するSWOT分析は再生業務や事業承継、M＆Aなどの業務と異なり、現状の企業・事業の動向に対する分析や過去実績の分析が十分とは言えません。創業企業・新規企業の分析と同様に、商品開発・事業転換がスタートした後のビジネスフォローは極めて重要になります。本件も「春菊」事業が開始された以降も同様にその分析が重要になるということです。

　さて、ここまではSWOT分析の整理により、活かせる自社の強みと機会となる原料がリストアップされました。ただし、プロジェクトチームのなかでも具体的な新商品のイメージはまとまっておらず、クロス分析で検討していくこととなりました。クロス分析を進めていく上で、一般的にポイントとなるものは以下の2点です。

　1つ目のポイントは「方向性の決定までができれば充分」という点です。方向性に続く、具体的な製造方法の検討や販売スケジュールの策定などのアクションプラン、あるいは詳細な販売目標については、改めて検討の時間と場所を設けて行っていけばよいのです。この段階であまりに詳細までこだわって検討していくと肝心の方向性を見失ってしまい、本末転倒となってしまうことにもなりかねません。あくまで「方向性の決定」をゴールに進めていきます。

2つ目のポイントは、「コンフリクト（矛盾、対立）に注意する」という点です。クロス分析表の4つの象限の間でのコンフリクトが生じてしまい、ちぐはぐな方向性の決定とならないように注意することは当然なのですが、クロス分析の結果、導かれた方向性が、現在の企業戦略あるいは既存商品や販売先の商品と競合してしまうことはないか、最後にしっかりと検証してください。ただ、初めからコンフリクトに意識をとらわれずに、自由に発想したあとにコンフリクトを検証していく方が効率的です。

　その他のポイントとしては「弱みと脅威の組み合わせは捨ててしまう」ということです。教科書的に言えば、「最悪の結果を回避するためにやるべきことはないか」を検討すべきなのですが、事業存続自体に関わるような事態でない限り、それらは捨てるべきです。経営資源に乏しい中小企業においては「強みと機会」の方に意識を集中していくことで戦略の成功確率が高まります。「捨てることも戦略」なのです。

　C社は「春菊」という機会を自社の「品質管理やカット技術」という強みで捉えることで商品開発の方向性を決定していくことができました。その方向性を決定する際には、現在の顧客であるスーパーマーケットの惣菜部門と直接競合しないように、消費者に直接販売できる完成品でなく"半製品"を商品に選択しコンフリクトを回避したことや、プロジェクトメンバーの本来の担当部門である営業や生産といった個別部門の細かな事情に突っ込み過ぎることなく全社的な課題解決の視点をもって検討を進めていったことが、新商品開発を成功させた要因でした。

第2章

金融機関のSWOT分析によって地域連携が深まる

地域の人口が少なくなっていったとしても、また衰退していったとしても、地域から離れられないのが金融機関です。農林水産業や税理士・会計士・商店なども地域密着型ですが、大企業では、地域密着型企業は銀行しかありません。長崎県・島根県・宮崎県の上場企業の一覧表を以下に示しますが、どの県も金融機関がその大半です。

　このことからも、日本の地域活性化には、金融機関が欠かせないことがわかります。もし、金融機関が地元に貢献せず、興味も示さなかったならば、その県は間違いなく衰退していってしまいます。金融機関が、業績の悪い企業に対して、機械的・形式的にリストラを迫り、人件費の節減や工場や店舗の売却を迫ったならば、その企業は一時的には黒字になるかもしれませんが、長期的には衰退し、地元からの人口流失を招き、地域の弱体化を速めてしまいます。

＜長崎県・島根県・宮崎県の上場企業一覧表＞　　　　　　（平成28年2月現在）

県名	上場企業名	銀行比率
長崎県	十八銀行（2017年4月にふくおかフィナンシャルと経営統合の見込み）	100%
島根県	山陰合同銀行・島根銀行・ジュンテンドー	66%
宮崎県	宮崎銀行・宮崎太陽銀行・ハンズマン・旭有機材工業	50%

　各県ともに、信用金庫・信用組合（協同組織金融機関）とも中小企業よりは明らかに大きな企業です。例えば、島根県のケースを見ると、県内の金融機関の概要は以下のとおりで、役職員数も、ほとんど100人以上です。金融機関が地元にとって、いかに重要な役割を演じているかがわかります。

第2章 金融機関のSWOT分析によって地域連携が深まる

＜都道府県別の中小・地域金融機関一覧表：島根県＞

I. 地方銀行（27年3月末時点）

金融機関コード番号	金融機関名	本店所在地	店舗数	預金（億円）	貸出金（億円）	自己資本比率（％）
0167	山陰合同銀行	島根県松江市	141	37,930	24,426	14.68

II. 第二地方銀行（27年3月末時点）

金融機関コード番号	金融機関名	本店所在地	店舗数	預金（億円）	貸出金（億円）	自己資本比率（％）
0565	島根銀行	島根県松江市	34	3,540	2,599	9.08

III. 信用金庫（27年3月末時点）

金融機関コード番号	金融機関名	本店所在地	店舗数	預金（億円）	貸出金（億円）	自己資本比率（％）
1710	しまね信用金庫	島根県松江市	13	830	498	15.43
1711	日本海信用金庫	島根県浜田市	13	974	494	12.58
1712	島根中央信用金庫	島根県出雲市	24	1,681	1,037	9.94

IV. 信用組合（27年3月末時点）

金融機関コード番号	金融機関名	本店所在地	店舗数	預金（億円）	貸出金（億円）	自己資本比率（％）
2661	島根益田信用組合	島根県益田市	6	241	165	13.70

	山陰合同銀行	島根銀行	しまね信用金庫	日本海信用金庫	島根中央信用金庫	島根益田信用組合
役職員数	1,834	405	128	134	260	53
中小企業等向け貸出先件数取引件数	157,995	18,010	7,009	5,255	12,230	―

　このような状況において、政府も金融庁も、地域活性化には金融機関の活躍が不可欠であることを確信し、地域のリーダー役として大きな期待を抱くようになっています。

　具体的には、平成15年以降、各金融機関で実施することになっていた「リレーションシップバンキング」の励行で、以下の3項目を徹底履行することになりました。

【推進のための具体的取組み】

1. ライフサイクルに応じた取引先企業の支援強化

中小企業の様々な成長段階にあわせた審査・支援機能の強化。
○ 事業再生
・事業価値を見極める地域密着型金融の本質に係わる一番の課題。
・企業価値が保たれているうちの早期再生と再生後の持続可能性ある事業再構築が最も重要。
・外部からの経営者の意識改革を促せるのは地域金融機関。
・中小企業再生支援協議会、ファンドの一層の活用。
・アップサイドの取れる新たな手法、DIPファイナンスの適切な活用等。
○ 創業・新事業支援
・ファンドの活用、産学官の連携、再挑戦支援の保証制度の活用等。
○ 経営改善支援
○ 事業承継（地域企業の第4のライフステージとして明示的に位置づけ、支援）

2. 事業価値を見極める融資をはじめ中小企業に適した資金供給手法の徹底

○ 事業価値を見極める融資＝不動産担保・個人保証に過度に依存しない融資の徹底
・「目利き機能」の向上（特に、中小零細企業）。
・定性情報の適正な評価、定量情報の質の向上。
・動産・債権譲渡担保融資、ABL（Asset Based Lending）、コベナンツの活用等。
○ その他中小企業に適した資金供給手法の徹底
・ファンドやアップサイドの取れる投融資手法の活用など、エクイティの活用によるリスクマネーの導入等。
・CLOやシンジケートローンなど、市場型間接金融の手法の活用。

3. 地域の情報集積を活用した持続可能な地域経済への貢献

○ 地域の面的再生
・調査力、企画力を活かした、ビジョン策定への積極的支援。
・「公民連携」への積極的参画
― 官と民が役割分担、地域の全プレーヤーがビジョンを共有、連携した取組み。
― 「リスクとリターンの設計」、「契約によるガバナンス」が重要。金融機関には、コーディネーターとしての積極的参画を期待。
○ 地域活性化につながる多様なサービスの提供
・リバースモーゲージなど高齢者の資産の有効活用、金融知識の普及等。
・多重債務者問題への貢献、コミュニティ・ビジネス等への支援・融資（特に協同組織金融機関）。
○ 地域への適切なコミットメント、公共部門の規律付け
・コスト・リスクの適切な把握による緊張感ある関係。地方財政の規律付けの役割。

「地域密着型金融の取組みについての評価と今後の対応について―地域の情報集積を活用した持続可能なビジネスモデルの確立を―の公表について（平成19年4月5日金融審議会）」より

1 地域企業のライフステージ等に応じて提案するソリューション(例)の重要性

　主要行が、3メガバンクに統合するきっかけになった「金融再生プログラム」と、ほぼ同時に公表された平成15年3月公表の「リレーションシップバンキングの機能強化に向けて」は、地域金融機関にリレバン（リレーションシップバンキング）のプリンシプル（行動原則）を定着させることになりました。平成17年には、このリレバンは地域密着型金融と名前を変え、平成19年には、ポストリレバンと言われ、このプリンシプルの徹底を、金融庁は検査などを通して図ってきました。

　その後、原油価格の高騰やリーマンショックが発生し、平成21年12月には、民主党政権の下、金融円滑化法（亀井モラトリアム法）が施行されることになりました。

第 2 章　金融機関のSWOT分析によって地域連携が深まる

＜中小企業等に対する金融円滑化対策の総合的パッケージ＞

中小企業者等に対する金融の円滑化を図るための臨時措置に関する法律案〈時限〉

金融機関の努力義務

金融機関(注)は、中小企業又は住宅ローンの借り手から申込みがあった場合には、**貸付条件の変更等**を行うよう努める。
(注)銀行・信金・信組・労金・農協・漁協及びその連合会、農林中金

金融機関自らの取組み
- 金融機関の責務を遂行するための**体制整備**。
- 実施状況と体制整備状況等の**開示**。
（虚偽開示には罰則を付与。）

行政上の対応
- 実施状況の当局への**報告**。
（虚偽報告には罰則を付与。）
- 当局は、報告をとりまとめて**公表**。

更なる支援措置
- 信用保証制度の充実等。

検査・監督上の措置
- 法律の施行に併せて、**検査マニュアル、監督指針を改定**。
- 中小企業融資・経営改善支援への取組み状況を重点的に検査・監督。

その他の措置
- 政府関係金融機関等についても、貸付条件の変更等に柔軟に対応するよう努めることを要請。
- 金融庁幹部が、中小企業庁等と連携し、全国各地の中小企業等と意見交換。
- 金融機能強化法の活用の検討促進。

　特に、実現可能性の高い(注1)抜本的な(注2)経営再建計画(注3)に沿った金融支援の実施により経営再建が開始されている場合(注4)には、当該経営再建計画に基づく貸出金は貸出条件緩和債権には該当しないものと判断して差し支えない。また、債務者が実現可能性の高い抜本的な経営再建計画を策定していない場合であっても、債務者が中小企業であって、かつ、貸出条件の変更を行った日から最長1年以内に当該経営再建計画を策定する見込みがあるとき(注5)には、当該債務者に対する貸出金は当該貸出条件の変更を行った日から最長1年間は貸出条件緩和債権には該当しないものと判断して差し支えない。
(注1)「実現可能性の高い」とは、以下の要件を全て満たす計画であることをいう。
　　一　計画の実現に必要な関係者との同意が得られていること
　　二　計画における債権放棄などの支援の額が確定しており、当該計画を超える追加的支援が必要と見込まれる状況でないこと
　　三　計画における売上高、費用及び利益の予測等の想定が十分に厳しいものとなっていること
(注2)〜(注4)略
(注5)「当該経営再建計画を策定する見込みがあるとき」とは、銀行と債務者との間で合意には至っていないが、債務者の経営再建のための資源等（例えば、売却可能な資産、削減可能な経費、新商品の開発計画、販路拡大の見込み）が存在することを確認でき、かつ、債務者に経営再建計画を策定する意思がある場合をいう。

「金融検査マニュアル別冊(中小企業融資編)」、「中小・地域金融機関向けの総合的な監督指針」より

平成24年3月で、金融円滑化法施行後2年4か月が経過し、返済猶予中の中小企業の社数が30万～40万社と言われるようになりました。ほとんどの返済猶予先には正常な返済が付けられていないために、新規借入れができず、中小企業の再生・活性化の障害になると言われるようになりました。これらの企業は経営改善計画を策定しキャッシュフローを算出して、正常返済を付与するべき施策の検討が始まりました。

　そこで、平成24年4月には、いわゆる「政策パッケージ」という、内閣府・金融庁・中小企業庁の三者合同の方針書が出されました。この政策パッケージは、以後の中小企業向けの金融政策の骨子を示すもので、「①金融機関によるコンサルティング機能の一層の発揮、②地域経済活性化支援機構（旧企業再生支援機構）及び中小企業再生支援協議会の機能及び連携の強化、③その他経営改善・事業再生支援の環境整備」の3本柱になっていました。

　②の新設組織の方針を除けば、前記の「地域密着型金融の取組みについての評価と今後の対応について」とほぼ重なる内容になっています。

<政策パッケージ>

――――（金融庁ホームページより）――――

平成24年4月20日
内閣府・金融庁・中小企業庁

中小企業金融円滑化法の最終延長を踏まえた
中小企業の経営支援のための政策パッケージ

　中小企業金融円滑化法の最終延長を踏まえ、中小企業の経営改善・事業再生の促進等を図るため、以下の取組みを強力に進めることとし、関係省庁・関係機関と連携し、早急にその具体化を図る。
　さらに、中小企業の事業再生・業種転換等の支援の実効性を高めるための施策を引き続き検討する。

1．金融機関によるコンサルティング機能の一層の発揮

　金融機関は、自助努力による経営改善や抜本的な事業再生・業種転換・事業承継による経営改善が見込まれる中小企業に対して、必要に応じ、外部専門家や外部機関、中小企業関係団体、他の金融機関、信用保証協会等と連携を図りながらコンサルティング機能を発揮することにより、最大限支援していくことが求められている。
　このため、金融庁は、以下の取組みを行うことにより、金融機関によるコンサルティング機能の一層の発揮を促す。
① 各金融機関に対し、中小企業に対する具体的な支援の方針や取組み状況等について集中的なヒアリング（「出口戦略ヒアリング」）を実施する。
② 抜本的な事業再生、業種転換、事業承継等の支援が必要な場合には、判断を先送りせず外部機関等の第三者的な視点や専門的な知見を積極的に活用する旨を監督指針に明記する。

（注）今般の東日本大震災により大きな被害を受けている地域においては、中小企業の置かれている厳しい状況や中小企業のニーズに十分に配慮したコンサルティング機能の発揮が強く求められている。また、産業復興機構や東日本大震災事業者再生支援機構も整備されている。こうした点を踏まえ、事業再生に当たっても、被災地の実情を十分に配慮した中長期的・継続的な支援が期待される。

2. 企業再生支援機構及び中小企業再生支援協議会の機能及び連携の強化

　財務内容の毀損度合いが大きく、債権者間調整を要する中小企業に対しては、企業再生支援機構（以下、「機構」という。）や中小企業再生支援協議会（以下、「協議会」という。）を通じて、事業再生を支援する。
　このため、内閣府、金融庁、中小企業庁は緊密に連携して以下の施策を実施することにより、両機関の機能及び連携を大幅に強化する。

(1) 機構においては、以下の取組みを積極的に推し進め、中小企業の事業再生を支援する仕組みを再構築する。
　① 中小企業の事業再生支援機能を抜本的に強化するため、専門人材の拡充を図る。
　② 下記(3)のとおり、中小企業再生支援全国本部（以下、「全国本部」という。）や協議会との円滑な連携を図るため、企画・業務統括機能を強化するとともに、協議会との連携窓口を設置する。
　③ 中小企業の実態に合わせた支援基準の見直しを行うとともに、協議会では事業再生支援の実施が困難な案件を中心に積極的に取り組む。
　④ デューデリジェンス等にかかる手数料の負担軽減を図る。

(2) 協議会においては、以下の取組みを行うことにより、その機能を抜本的に強化する。
　① 金融機関等の主体的な関与やデューデリジェンスの省略等により、再生計画の策定支援をできる限り迅速かつ簡易に行う方法を確立する。
　　（標準処理期間を2ヶ月に設定。協議会ごとに計画策定支援の目標件数を設定し、24年度に全体で3千件程度を目指す）
　② 事業再生支援の実効性を高めるため、地域金融機関や中小企業支援機関等の協力を得て、専門性の高い人材の確保及び人員体制の大幅な拡充を図る。
　③ 経営改善、事業再生、業種転換、事業承継等が必要な中小企業にとって相談しやすい窓口としての機能を充実し、最適な解決策の提案や専門家の紹介等を行う。

(3) 機構及び協議会においては、以下の取組みを行うことにより、連携を強化する。
　① 機構又は協議会が相談を受けた案件について、他方が対応した方が効果的かつ迅速な支援が可能となる場合には、相互に案件の仲介等を行う。このため、機構と全国本部は連携して、相互仲介ルールを策定する。
　② 事業再生支援機能の向上や上記(2)③の相談機能を実務面から支援するため、機構と全国本部は連携して、中小企業の経営状況の把握・分析や支援の手法等に係る改善や指針等の策定を行い、それらを協議会とも共有する。

③ 機構は、協議会が取り組む案件について、相談・助言機能を提供する。
④ 機構及び全国本部は、協議会や金融機関が必要とする専門性を有する人材を紹介できる体制の構築を進める。
⑤ 機構、協議会及び全国本部との間で、「連携会議」を設置する。

3.その他経営改善・事業再生支援の環境整備

　金融機関によるコンサルティング機能の発揮にあたって、経営改善・事業再生支援を行うための環境整備も不可欠となっている。
　このため、内閣府、金融庁及び中小企業庁は、以下の施策を実施する。

(1) 各地域における中小企業の経営改善・事業再生・業種転換等の支援を実効あるものとするため、協議会と機構を核として、金融機関、事業再生の実務家、法務・会計・税務等の専門家、中小企業関係団体、国、地方公共団体等からなる「中小企業支援ネットワーク」を構築する。
(2) 地域における事業再生支援機能の強化を図るため、地域金融機関と中小企業基盤整備機構が連携し、出資や債権買取りの機能を有する事業再生ファンドの設立を促進する。
(3) 公的金融機関による事業再生支援機能を充実させるため、資本性借入金を活用した事業再生支援の強化について検討する。
(4) 以上に加え、中小企業の事業再生・業種転換等の支援の実効性を高めるための施策を検討する。

　その後、30万～40万社の中小企業への経営改善計画策定や無理のない返済付与のためには、その専門家集団が必要になり、中小企業経営力強化支援法が6月に成立しました。この法律によって、8月から認定支援機関が誕生しました。

中小企業の海外における商品の需要の開拓の促進等のための中小企業の新たな事業活動の促進に関する法律等の一部を改正する法律(中小企業経営力強化支援法)の概要

※改正対象は、中小企業の新たな事業活動の促進に関する法律、中小企業による地域産業資源を活用した事業活動の促進に関する法律、中小企業者と農林漁業者との連携による事業活動の促進に関する法律

背景

- 中小企業の経営課題は、多様化・複雑化。財務及び会計等の専門的知識を有する者(既存の中小企業支援者、金融機関、税理士・税理士法人等)による支援事業を通じ、課題解決の鍵を握る事業計画の策定等を行い、中小企業の経営力を強化することが急務となっている。
- また、内需が減退する中、中小企業が海外展開を行うに当たって、中小企業の海外子会社の資金調達が困難など、資金面での問題が生じている。このため、中小企業が海外で事業活動を行う際の資金調達を円滑化するための措置を講ずることが急務となっている。

法律の概要

- 中小企業の経営力の強化を図るため、①既存の中小企業支援者、金融機関、税理士・税理士法人等の中小企業の支援事業を行う者を認定し※、中小機構によるソフト支援などその活動を後押しするための措置を講ずるとともに、②ものづくり産業のみならず、高付加価値型産業(クールジャパンとしての地域産業資源、農業、コンテンツ産業等)も世界に発信可能な潜在力を有する中で、中小企業の海外展開を促進するため、日本政策金融公庫及び日本貿易保険を活用した中小企業の海外子会社の資金調達を円滑化するための措置を講ずる。

※ 中小企業の経営状況の分析、事業計画策定及び実施に係る指導・助言を行う者を認定。

措置事項の概要

1.支援事業の担い手の多様化・活性化

(1)既存の中小企業支援者、金融機関、税理士・税理士法人等の支援事業を行う者の認定を通じ、中小企業に対して専門性の高い支援事業を実現する。
(2)中小機構の専門家派遣等による協力や保証付与による資金調達支援を通じ、支援事業を支援する。
(3)これらにより、中小企業は質の高い事業計画を策定することが可能となり、経営力の強化が図られる。

2. 海外展開に伴う資金調達支援

承認又は認定を受けた計画に従って事業を行う中小企業者に対し、以下の措置を講じる。

(1) 日本政策金融公庫の債務保証業務、日本貿易保険の保険業務を拡充し、中小企業の外国関係法人の海外現地金融機関からの資金調達を支援する。
(2) 中小企業信用保険の保険限度額を増額し、親子ローン等を通じた海外展開を支援する。

国内事業基盤の維持に配慮する。

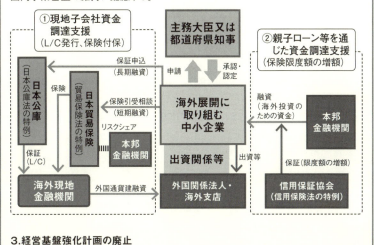

3. 経営基盤強化計画の廃止

認定支援機関による経営改善計画支援事業の利用申請を受付けています

平成25年3月8日

借入金の返済負担等、財務上の問題を抱えていて、金融支援が必要な中小企業・小規模事業者の多くは、自ら経営改善計画等を策定することが難しい状況です。
こうした中小企業・小規模事業者を対象として、中小企業経営力強化支援法に基づき認定された経営革新等支援機関（以下「認定支援機関」という。）が中小企業・小規模事業者の依頼を受けて経営改善計画などの策定支援を行うことにより、中小企業・小規模事業者の経営改善を促進します。

すなわち、金融機関は、上記の「中小企業金融円滑化法の最終延長を踏まえた中小企業の経営支援のための政策パッケージ（政策パッケージ）」の第一の柱である「金融機関によるコンサルティング機能の一層の発揮」を「顧客企業のライフステージ等に応じて提案するソリューション（例）」で実践すると同時に、認定支援機関や税理士などの専門家と連携を組んで、第3の柱の「その他経営改善・事業再生支援の環境整備」における「中小企業支援ネットワーク」を実践することになりました。

「中小・地域金融機関向けの総合的な監督指針Ⅱ-5-2-1（「地域密着型金融の推進」関連部分）」
(参考)顧客企業のライフステージ等に応じて提案するソリューション(例)

顧客企業の ライフステージ 等の類型	金融機関が提案する ソリューション	外部専門家・外部機関等との 連携
創業・ 新事業開拓 を目指す 顧客企業	・技術力・販売力や経営者の資質等を踏まえて新事業の価値を見極める。 ・公的助成制度の紹介やファンドの活用を含め、事業立上げ時の資金需要に対応。	・公的機関との連携による技術評価、製品化・商品化支援 ・地方公共団体の補助金や制度融資の紹介 ・地域経済活性化支援機構との連携 ・地域活性化ファンド、企業育成ファンドの組成・活用
成長段階に おける 更なる飛躍が 見込まれる 顧客企業	・ビジネスマッチングや技術開発支援により、新たな販路の獲得等を支援。 ・海外進出など新たな事業展開に向けて情報の提供や助言を実施。 ・事業拡大のための資金需要に対応。その際、事業価値を見極める融資手法(不動産担保や個人保証に過度に依存しない融資)も活用。	・地方公共団体、中小企業関係団体、他の金融機関、業界団体等との連携によるビジネスマッチング ・産学官連携による技術開発支援 ・JETRO、JBIC等との連携による海外情報の提供・相談、現地での資金調達手法の紹介等

経営改善が必要な顧客企業 （自助努力により経営改善が見込まれる顧客企業など）	・ビジネスマッチングや技術開発支援により新たな販路の獲得等を支援。 ・貸付けの条件の変更等。 ・新規の信用供与により新たな収益機会の獲得や中長期的な経費削減等が見込まれ、それが債務者の業況や財務等の改善につながることで債務償還能力の向上に資すると判断される場合には、新規の信用を供与。その際、事業価値を見極める融資手法（不動産担保や個人保証に過度に依存しない融資）も活用。 ・上記の方策を含む経営再建計画の策定を支援（顧客企業の理解を得つつ、顧客企業の実態を踏まえて経営再建計画を策定するために必要な資料を金融機関が作成することを含む）。定量的な経営再建計画の策定が困難な場合には、簡素・定性的であっても実効性のある課題解決の方向性を提案。	・中小企業診断士、税理士、経営指導員等からの助言・提案の活用（第三者の知見の活用） ・他の金融機関、信用保証協会等と連携した返済計画の見直し ・地方公共団体、中小企業関係団体、他の金融機関、業界団体等との連携によるビジネスマッチング ・産学官連携による技術開発支援
事業再生や業種転換が必要な顧客企業 （抜本的な事業再生や業種転換により経営の改善が見込まれる顧客企業など）	・貸付けの条件の変更等を行うほか、金融機関の取引地位や取引状況等に応じ、DES・DDSやDIPファイナンスの活用、債権放棄も検討。 ・上記の方策を含む経営再建計画の策定を支援。	・地域経済活性化支援機構、東日本大震災事業者再生支援機構、中小企業再生支援協議会等との連携による事業再生方策の策定 ・事業再生ファンドの組成・活用

事業の持続可能性が見込まれない顧客企業（事業の存続がいたずらに長引くことで、却って、経営者の生活再建や当該顧客企業の取引先の事業等に悪影響が見込まれる先など）	・貸付けの条件の変更等の申込みに対しては、機械的にこれに応ずるのではなく、事業継続に向けた経営者の意欲、経営者の生活再建、当該顧客企業の取引先等への影響、金融機関の取引地位や取引状況、財務の健全性確保の観点等を総合的に勘案し、慎重かつ十分な検討を行う。 ・その上で、債務整理等を前提とした顧客企業の再起に向けた適切な助言や顧客企業が自主廃業を選択する場合の取引先対応等を含めた円滑な処理等への協力を含め、顧客企業自身や関係者にとって真に望ましいソリューションを適切に実施。 ・その際、顧客企業の納得性を高めるための十分な説明に努める。	・慎重かつ十分な検討と顧客企業の納得性を高めるための十分な説明を行った上で、税理士、弁護士、サービサー等との連携により顧客企業の債務整理を前提とした再起に向けた方策を検討
事業承継が必要な顧客企業	・後継者の有無や事業継続に関する経営者の意向等を踏まえつつ、M&Aのマッチング支援、相続対策支援等を実施。 ・MBOやEBO等を実施する際の株式買取資金などの事業承継時の資金需要に対応。	・M&A支援会社等の活用 ・税理士等を活用した自社株評価・相続税試算 ・信託業者、行政書士、弁護士を活用した遺言信託の設定

(注1) この図表の例示に当てはまらない対応が必要となる場合もある。例えば、金融機関が適切な融資等を実行するために必要な信頼関係の構築が困難な顧客企業（金融機関からの真摯な働きかけにもかかわらず財務内容の正確な開示に向けた誠実な対応が見られない顧客企業、反社会的勢力との関係が疑われる顧客企業など）の場合は、金融機関の財務の健全性や業務の適切な運営の確保の観点を念頭に置きつつ、債権保全の必要性を検討するとともに、必要に応じて、税理士や弁護士等と連携しながら、適切かつ速やかな対応を実施することも考えられる。

(注2) 上記の図表のうち「事業再生や業種転換が必要な顧客企業」に対してコンサルティングを行う場合には、中小企業の再生支援のために、以下の如き税制特例措置が講じられたことにより、提供できるソリューションの幅が広がっていることに留意する必要がある。
・企業再生税制による再生の円滑化を図るための特例（事業再生ファンドを通じた債権放棄への企業再生税制の適用）
・合理的な再生計画に基づく、保証人となっている経営者による私財提供に係る譲渡所得の非課税措置

（参考）「中小企業支援ネットワーク」のイメージ

- 地域内の金融機関同士であっても、経営改善や再生に対する目線や姿勢が異なるため、普段からの情報交換や経営支援施策、再生事例の共有等により、経営改善や再生の目線を揃え、面的な経営改善、再生のインフラを醸成し、地域全体の経営改善、再生スキルの向上を図る。
- 参加機関間の連携強化により、各機関が有する専門知識を円滑に活用できる関係の構築を図る。
- 地域毎（県単位を想定）に「中小企業支援ネットワーク」を構築。活動内容、開催頻度、参加者等は地域の実情に応じて決定。
- 各地域における自律的な取組として、地元中小企業の迅速な経営改善・事業再生を促進するため、地方公共団体、協会、協議会、経営支援機関等を中心に関係機関が連携を図り、中小企業を支援する枠組を構築済み、もしくは構築に向けた準備を進めてきた地域については、従前の取組を活用・発展。

中小企業支援ネットワーク

参加機関の連携促進

| 地方公共団体 | 経営支援機関 | 専門家 | 政府系金融機関 | 地域金融機関 | 保証協会（事務局） | 再生支援協議会 | 企業再生支援機構 | 財務局 | 経産局 |

（事務局が地方公共団体や再生支援協議会の場合もある）

- **参加機関**：地域金融機関、信用保証協会、政府系金融機関、中小企業再生支援協議会、企業再生支援機構、事業再生の実務家、法務・会計・税務等の専門家、経営支援機関（商工会、商工会議所等）、地方公共団体、財務局、経産局等
- **活動**：定期的（年2～3回程度）に、情報交換会や研修会（施策ツールの紹介、地域金融機関による再生支援の取組、再生手法に関連する勉強会等）により、地域全体の経営改善、再生スキルの向上を図る。

（筆者注）「企業再生支援機構」は平成25年3月18日、「地域経済活性化支援機構（REVIC）」に改組されました。

　平成24年8月の認定支援機関の活動以降、中小企業の支援者として、認定支援機関を含めた税理士・公認会計士などが、保証協会と連携しながら活動しています。その支援体制は、67ページの図の「中小企業・小規模事業者に対する事業再生・経営改善支援のイメージ」です。

　また、経営改善計画策定支援の実績は、68ページ冒頭の「中小企

業庁の情報（平成27年8月31日）」のとおりです。この実績を見るに、認定支援機関のなかでも経営改善計画策定に関してバラツキがある上、その計画策定支援完了期間もかなり長期化しており、必ずしも、順調に進んでいるとは言えません。

　金融機関サイドのコンサルティング活動や経営改善計画の支援状況にも、各金融機関で大きなバラツキがあり、すべての金融機関が同様に活発に動いているとも言えません。特に、保証協会保証付き貸出先以外の複数行借入れの取引先企業に対しては、未だに課題が残されているようです。

　このような企業は、貸出現場である支店・融資課ではなく、ほとんどが本部・審査部などが管理しており、それぞれの企業から提出された経営改善計画を吟味し、その計画から生じるキャッシュフローに基づいて正常返済を付与するところまでは進んでいないようです。まして、金融機関同士の返済調整（他行調整）を行い、協融金融機関が足並みを揃えて、新規の資金需要を受け入れている段階までは、なかなか進んでいません。

中小企業・小規模事業者経営改善支援について（平成25年3月 中小企業庁）

中小企業・小規模事業者に対する事業再生・経営改善支援のイメージ

円滑化法を利用する中小企業・小規模事業者 30万～40万社

特に事業再生等が必要な事業者5万～6万社

地域経済活性化支援機構による支援	再生支援協議会による支援	認定支援機関による経営改善計画策定支援
（売上20億円程度以上が中心）	年間数千社を支援。機能強化のため、補正予算に41億円計上（売上3億円超～20億円程度が中心）	2万社を対象に総額300万円までの費用の2／3を補助。補正予算に405億円を計上。

セーフティネット貸付や借換保証等による10兆円超の資金繰り支援

- 経営支援型のSN貸付の創設
  （補正予算1326億円、事業規模5兆円、約20万社対象）
- 資本性劣後ローンの活用
  （補正予算986億円、事業規模0.4兆円、約1300社対象）
- 借換保証の推進
  （補正予算500億円、事業規模5兆円※、約25万社対象）

※予備費で措置した951億円、2.9兆円を含めた事業規模。

事業再生子会社・再生ファンド等への出資・専門家人材の派遣

地域金融機関

中小企業・小規模事業者の再生・経営改善については、メインバンクが最後まで責任を持つことが大原則

地域経済活性化支援機構により、地域金融機関等の支援能力を向上

◎中小企業庁の情報（平成27年8月31日）

認定支援機関による経営改善計画策定支援事業の支援決定一覧を公表しました

平成27年8月31日

認定支援機関による経営改善計画策定支援事業について、事業開始（平成25年3月）から平成27年7月末までに支援決定を受けた一覧を公表します。
なお、一覧は、地域別、事業者の業態等別、認定支援機関別に整理しています。

支援決定一覧
- 北海道経済産業局管内分
- 東北経済産業局管内分
- 関東経済産業局管内分
- 中部経済産業局管内分
- 近畿経済産業局管内分
- 中国経済産業局管内分
- 四国経済産業局管内分
- 九州経済産業局管内分
- 内閣府沖縄総合事務局管内分

　そして、金融庁は、平成27年9月18日に「金融行政方針」を公表し、地域金融機関のコンサルティングや外部専門家や機関との連携の徹底を図り、また地域企業応援パッケージ（中小企業支援ネットワーク、地域連携を含む）の励行を力説し、検査でウォッチするようです。
　特に、融資先企業1,000社に対する金融庁自身のヒアリングについては、各金融機関には大きなプレッシャーのようです。自行がメイン銀行である取引先に、金融庁がヒアリングに出かけた時に、「メイン銀行さんからはコンサルティングを一度も受けたことはありません。」と言われることは、残念なことです。少なくとも、コンサルティングの入口であり、「事業性評価」のキックオフである「SWOT分析」は、メイン先・準メイン先・大口与信先などには、必ず行っておきたいものです。

第 2 章 金融機関のSWOT分析によって地域連携が深まる

平成27年9月18日
金融庁

平成27事務年度　金融行政方針について

　金融庁では、金融行政が何を目指すかを明確にするとともに、その実現に向け、平成27事務年度においていかなる方針で金融行政を行っていくかを、「金融行政方針」として策定しました。

○金融行政方針
- 平成27事務年度金融行政方針（PDF：658KB）
- 平成27事務年度金融行政方針 概要（PDF：330KB）
- 平成27事務年度金融行政方針の主なポイント（PDF：154KB）

2　地域企業応援パッケージ・中小企業支援ネットワークにおける外部専門家・外部機関等との連携

　「はじめに」でも述べましたが、金融庁の目線であるコンサルティングは繁忙を極める貸出現場の担当者自身では荷が重過ぎますし、金融機関にとって必須である転勤制度もコンサルティング・スキルを引き上げるには障害になっています。

　実際に、金融機関以外で行われる専門家のコンサルティングに比べれば、貸出現場の担当者のコンサルティングでは取引先の満足は得られないものと思います。この解消策は、「顧客企業のライフステージ等に応じて提案するソリューション（例）」の右の欄に述べられている「外部専門家・外部機関等との連携」が最も近道です。金融庁も本音はこの連携をイメージしているようです。

　では、実際の「外部専門家・外部機関等」とはどのようなものでしょうか。金融機関が求めるコンサルティングや経営改善計画、返済計画

の策定支援については、中小企業が最も信頼を寄せる税理士とその事務所の役職員の役割になります。

現在、税理士は7万5千人を超え、事務所の役職員も合計すれば25万人超といわれ、どこの地域でも活躍されています。商工会・商工会議所、また再生支援協議会やその支援センターなどの公的な機関も「外部専門家・外部機関等」になりますが、税理士のネットワークにはかなわないと思います。

とは言うものの、金融機関の貸出現場のメンバーは、税理士やその事務所の役職員の業務内容や日々の活動・研修内容などをほとんど理解していないようです。そのために、金融機関と連携を組むべき税理士と、その連携チャンスを失うことがあるのです。公認会計士であって税理士業務を行っている方も、同様です。そこで、以下にその実情をお知らせすることにします。

(1) 税理士・公認会計士（税務業務を行っている方）は、国家資格保有者であり、業歴の長い税理士は、地元の名士であり、経済団体などの幹部を務めていることも多い。人脈もあって、地域情報もかなり保有している。ただし、日常の記帳業務・訪問業務などはその事務所の役職員が行っていることが大半。

(2) 税理士事務所はほとんどが、資格保持者と従業員の混成部隊であり、特に地方の税理士事務所はかなりの従業員を抱えている。その従業員も、税務・会計の知識は高く、月次訪問・巡回監査などを担当し、経営改善計画策定に関する実務は資格保有者を上回る人材も多い。

(3) とは言っても、税理士事務所はほとんどが30人未満の事務・役職員であり、国家資格保有の税理士（所長）などが、即断即

決を行っている。金融機関などの大企業の稟議制度（現場ではなく、本部が意思決定する制度）は、ほとんどの税理士事務所にはない。

(4) 日本税理士会連合会は、すべての税理士（平成28年3月末日現在75,643人）が所属している。TKC全国会などのメンバーもすべて、この日本税理士会連合会に属している。この連合会には、全国に15税理士会がある。

＜税理士登録者・税理士法人届出数＞ （平成28年3月末日現在）

会名	登録者数	税理士法人届出数	
		主たる事務所	従たる事務所
東京	21,916	1,008	334
東京地方	4,797	192	105
千葉県	2,496	81	61
関東信越	7,307	339	177
近畿	14,408	527	227
北海道	1,860	129	81
東北	2,476	104	79
名古屋	4,466	230	118
東海	4,325	189	106
北陸	1,391	89	38
中国	3,039	106	57
四国	1,572	65	39
九州北部	3,138	116	89
南九州	2,070	80	38
沖縄	382	18	16
計	75,643	3,273	1,565

(5) 個々の税理士事務所の具体的な業務は、以下のとおり。

① （税理士法第1条）「税務に関する専門家として、独立した公正な立場において、申告納税制度の理念にそって、納税義務者の信頼にこたえ、租税に関する法令に規定された納税義務の適正な実現を図ることを使命とする。」が税理士業務の中心であるものの、②以降の業務を、金融機関としては見落とすことが多い。

② 月次訪問（巡回監査）……税理士や公認会計士が顧客に対して提供する業務の一種で、定期的に顧問先を訪問し、正しい記帳処理が行われているかの確認や、アドバイスを行うことをいう。金融機関が融資先に行わなければならないとされる「モニタリング管理」と同等の業務である。

③ 書面添付……（国税庁ホームページ）「税理士法（以下「法」という。）第33条の2に規定する計算事項等を記載した書面を税理士が作成した場合、当該書面を申告書に添付して提出した者に対する調査において、従来の更正前の意見陳述に加え、納税者に税務調査の日時場所をあらかじめ通知するときには、その通知前に、税務代理を行う税理士又は税理士法人に対して、添付された書面の記載事項について意見を述べる機会を与えなければならない（法第35条第1項）こととされているものであり、税務の専門家である税理士の立場をより尊重し、税務執行の一層の円滑化・簡素化を図るため、平成13年度税理士法改正により従来の制度が拡充されたものである。」この書面添付に対して、金利優遇を実施している金融機関もある。

④ 中小企業会計基本要領（略称「中小会計要領」）……（日本税理士会連合会）中小企業の多様な実態に配慮し、その成長に資

するため、中小企業が会社法上の計算書類等を作成する際に、参照するための会計処理や注記等を示すものである。ただし、この「中小会計要領」は、税務申告時の決算報告よりも、金融機関内部の自己査定の決算書内容に近いものである。

【参考：広報冊子】中小企業庁ホームページより

『中小会計要領に取り組む事例65選』
⇒中小会計要領を活用して経営を強化した事例を紹介しています
『「中小会計要領」ができました!!』
⇒中小企業の会計に関する基本要領をわかりやすく解説しています
『「中小会計要領」の手引き!』
⇒経営力・資金調達力強化を目指す中小企業のために

---

⑤ 研修制度

　日本税理士会連合会は、中小企業支援方針を明確にし、その内部に「中小企業対策部」を立ち上げました。ホームページにも、次のような文章を記載しています。と同時に、各税理士会にて、この中小企業支援についての研修をスタートしています。

　『中小企業支援とは……税理士の主な顧問先は中小企業・小規模企業であり、経営者の7割は顧問税理士等を経営問題の相談相手と考えています。税理士は「税務に関する専門家」であるとともに、「会計に関する専門家」でもあります。また、中小企業経営力強化支援法の施行（平成24年8月）に伴い、認定支援機関制度が創設され、中小企業の金融と経営支援の担い手としての役割が期待されています。』

　『税理士が行う中小企業支援とは……税理士は中小企業を財務、経営、金融、税制の面から支援しています。』

さらに、日本税理士会連合会の傘下の関東信越税理士会が中心になって始めた「財務金融アドバイザー」の通信講座は、既に、1,500人を大きく超える卒業生を出しています。その卒業生・税理士向けには、「金融機関に提出する経営改善計画における事業DD（デューデリ・調査）部分」のアドバイスを、中小企業診断士を中心とした事業系コンサルティング企業である㈱マネジメントパートナーズ（MPS）が行っています。

【参考：「財務金融アドバイザー」講座概要】

◎受講対象者
　■税理士および税理士事務所職員
　■経営革新等支援機関（認定支援機関）および国家資格等保有者とその職員
　■金融機関・商工会・商工会議所の職員等

◎通信講座テキスト
　■テキスト1「中小企業の資金調達支援」（銀行内部の融資マニュアルと同等）
　■テキスト2「経営計画策定」（計画の作り方・評価法）
　■テキスト3「経営指導・経営助言」（銀行員に期待されるコンサルと同等）
　■テキスト4「金融機関との連携・交渉」（最近の銀行関連の課題解決）

上記4冊は㈱ファインビット＝編著、中村　中＝監修

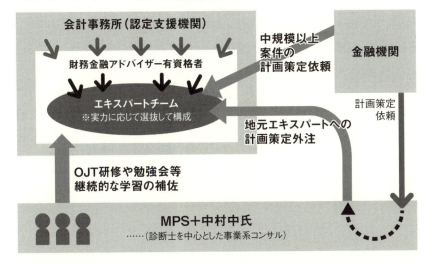

3 金融機関の複数行調整には税理士・中小企業との連携が必須

　中小企業の約80％は、複数行の金融機関から借入れを受けています。「日本の銀行借入れ取引はメイン行がリードする」という常識がありましたので、この事実は意外に思われるようですが、以下の中小企業庁調査をご参照ください。米国は、逆に、約80％が単独行取引ということです。

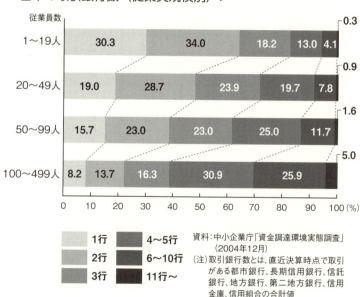

<日本の取引銀行数（従業員規模別）>

資料：中小企業庁「資金調達環境実態調査」（2004年12月）
(注)取引銀行数とは、直近決算時点で取引がある都市銀行、長期信用銀行、信託銀行、地方銀行、第二地方銀行、信用金庫、信用組合の合計値

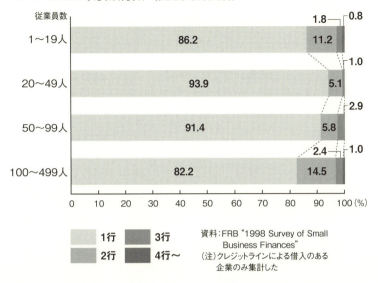

<アメリカの取引銀行数（従業員規模別）>

資料：FRB "1998 Survey of Small Business Finances"
（注）クレジットラインによる借入のある企業のみ集計した

　さて、返済猶予先に対しては、経営改善計画から算出されるキャッシュフローによって、正常返済を付与するしかありません。そこで、正常返済を各金融機関と話し合って実施しようとしたときに問題が生じます。

　各金融機関が担保強化・メイン銀行化回避・債権者平等原則などを主張して、返済調整がなかなかできなくなります。しかも、金融機関には、独占禁止法や情報管理の足枷が入っております。以下の金融検査マニュアルをご参照ください。

金融検査マニュアル

【目　次】

はじめに……………………………………………………………………… 1
本マニュアルにより検査を行うに際しての留意事項……………………… 3
経営管理（ガバナンス）…………………………………………………… 7
金融円滑化編………………………………………………………………… 23
リスク管理等編……………………………………………………………… 47

　この金融検査マニュアルの金融円滑化編の <u>Ⅲ．個別の問題点</u> に次のような文章が書かれています。中小企業に対し、各金融機関は円滑な支援を行うことが重要であると述べられているなかで、「守秘義務に留意しつつ」とか、「独占禁止法違反行為とならないよう留意」という注意事項が入っています。この点が、各金融機関における情報交換の障害になっています。

金融検査マニュアル　金融円滑化編　Ⅲ.個別の問題点

（xv）他の金融機関等（政府系金融機関等を含む。）から借入れを行っている債務者から貸付条件の変更等の申込みがあった場合には、<u>守秘義務に留意しつつ</u>、当該債務者の同意を前提に、当該他の金融機関等（信用保証協会等が関係している場合には、信用保証協会等を含む。）間で相互に貸付条件の変更等に係る情報の確認を行うなど、緊密な連携を図るよう適切に対応しているか。特に、貸付残高の多い金融機関は、貸付条件の変更等に係る情報の確認を積極的に行うなど、緊密な連携を図るよう適切に対応しているか。

（xvi）貸付条件の変更等の申込みを受けた他の金融機関等（政府系金融機関等及び信用保証協会等を含む。）から当該申込みを行った債務者の貸付条件の変更等に係る情報について照会を受けた場合には、<u>守秘義務に留意しつつ</u>、当該債務者の同意を前提に、これに応じるよう適切に対応しているか。特に、貸付残高の多い金融機関は、貸付条件の変更等に係る情報の照会に積極的に応じるよう適切に対応しているか。

> (xvii) 債務者から貸付条件の変更等の申込みがあった場合であって、他の金融機関等（政府系金融機関等を含む。）が当該債務者に対して貸付条件の変更等に応じたことが確認できたときは、当該債務者の事業についての改善又は再生の可能性等、当該他の金融機関等が貸付条件の変更等に応じたこと等を勘案しつつ、金融円滑化管理方針等に基づき、貸付条件の変更等に応じるよう適切に対応しているか。
> (xviii) 上記(xv)から(xvii)については、<u>独占禁止法違反行為とならないよう留意</u>しているか。特に以下の点に留意しているか。
> ・金融機関等（政府系金融機関等及び信用保証協会等を含む。）間で情報の確認を行う際には、個別の申込み案件毎に行うこと
> ・金融機関等（政府系金融機関等及び信用保証協会等を含む。）間で情報の確認を行う際には、個別の申込み案件に係る事項に限り取り扱うこと
> ・貸付条件の変更等を実行するか否かの最終的な判断は、各金融機関の責任において行うこと

　ついては、各金融機関同士の返済調整は、中小企業自身とその顧問税理士とが連携して、顧問税理士の力を借りることが多くなります。もちろん、中小企業自身が、独力でこの調整を行うことができるならば、それに越したことはありませんが、情報開示資料の客観性や過去の取引経緯、金融機関との利害関係の複雑さなどの点から、どうしても第三者的な立場の顧問税理士の支援が必要になるようです。

　とは言っても、顧問税理士のなかには、「経営改善計画策定やコンサルティングなどはやりたくない」とか、「自分にはそのスキルがない」と言い続けてこの役割を断る方もいます。その時は、取引先企業にこの役割を担うことができる専門家（税理士など）を用意してもらうことをお勧めします。今後は、ある程度の規模の中小企業にとっては、経営改善計画策定やコンサルティングなどの支援は必須になります。

　では何故、ここで各金融機関同士の返済調整に税理士がふさわしいかの理由を申し上げます。これは、税理士会に「綱紀規則第25条」があって、この規則が税理士間では順守され続けているからです。

この綱紀規則によって、顧問税理士と中小企業は、いったん顧問先になれば、原則として、他の税理士の参入は排除され、正に「1対1の関係」が守られているのです。複数行取引に対する金融機関間で、返済調整に苦慮されていることがあるならば、中小企業と「1対1」の関係にある顧問税理士に、取引先中小企業を通して、相談されることをお勧めします。
　特に、業績が振るわない企業や不良債権先に認定された企業に対する金融機関は、相互に利害の衝突があり、複数行取引の金融機関同士ではこの調整はなかなかできないものです。そこで、中小企業とその顧問税理士との連携がこの解決策になるのです。参考までに、この「綱紀規則」とその「第25条」を以下に示します。

○○○税理士会綱紀規則（準則）

　　　　　　　　　　　　　　　昭和42年 6月 9日
　　　　　　　　　　　　　　　　　制　　　　定
　　　　　　　　　　　全改　昭和55年 9月18日
　　　　　　　　　　　変更　昭和57年 6月 3日
　　　　　　　　　　　　　　平成13年 9月 4日
　　　　　　　　　　　　　　平成14年 3月25日
　　　　　　　　　　　全改　平成18年 9月 5日
　　　　　　　　　　　変更　平成26年 9月 4日

第1章　総　　則
（趣旨）
第1条　この規則は、会則第○○条の規定に基づき、会員の品位保持及び使用人その他の従業者（以下「使用人等」という。）の監督に関し、必要な事項を定める。
（省略）
（業務侵害行為の禁止）
第25条　会員は、直接であると間接であるとを問わず、他の税理士又は税理士法人の業務を不当又は不公正な方法によって侵害するような行為をしてはならない。

金融機関としては、独占禁止法や守秘義務の順守で相互の連絡が深くできない以上、正常返済の付与には、この中小企業と顧問税理士の両者の連携による経営改善計画策定や個別金融機関への返済計画策定が、有難いことなのです。このような企業と税理士の連携を求めるには、金融機関としては、自らの情報や取引歴をベースにした「SWOT分析」の内容を示しながら、両者の背中を押すことがポイントになると思います。

金融機関による「SWOT分析」情報の提供が「外部専門家・外部機関等」との連携の絆

　実は、どんなにスキルが高く、経験豊かな外部専門家・外部機関にとっても、地域の大きな組織の金融機関の資金供給（貸出）力・情報力には及びません。この金融機関が、それらの潜在力を提供し、外部専門家である税理士などと連携を組むことは、中小企業支援に大きな相乗効果を生み出します。

　ただし、今までの金融機関については、守秘義務に留意しなければならないためか、必ずしもこの連携や情報提供に積極的であったとは言えません。金融機関と外部専門家・税理士などとの交流は、中小企業の了解が前提でしたが、その中小企業の経営者の協力が得られないことも多々あって、なかなか機能しているとは言えませんでした。

　税理士など外部専門家・外部機関は、その取引先と永い付き合いのある金融機関の内部の情報や知見を得ることがなかなかできず、空回りすることもありました。

　一方、金融機関としても、中小企業が依頼した税理士などの外部専

門家の報告書や成果物は、自分たちが求める水準に至らないという印象を持つこともよくありました。

　そこで登場するのが、金融機関による「SWOT分析」の情報提供です。金融機関が、税理士などの外部専門家の支援を受ける中小企業に対し、銀行の担当者が自行の求めるコンサルティングや経営改善計画など支援内容並びに情報・資料の内容を具体的に伝える場合、「SWOT分析」で得た強み・弱み・機会・脅威を明らかにして依頼することが大切です。この情報共有によって、この企業や税理士などの外部専門家、そして金融機関の三者連携を密に行うことができるからです。

　実際、多くの銀行担当者は、自分の担当先に対して、コンサルティングや経営改善計画策定を自ら行いたいと思っているものの、日常業務によって時間が取れず、取引先の経営者や内部スタッフの協力も得られません。特に複数行取引の場合は他の金融機関と調整もできないために、ストレスをためていることが多いようです。この時こそ、税理士などの外部専門家の実情をよく理解しながら、「SWOT分析」の情報を取引先中小企業とその税理士に提供し、その連携を効果的なものにしていくことが重要です。

第3章

金融庁「円滑な資金供給の促進に向けて」とSWOT分析

金融庁では、リレーションシップバンキング・地域密着型金融の浸透とともに、金融機関が融資を行うにあたり、担保・保証に必要以上に依存することなく、事業者に対し円滑に資金を供給するよう促してきました。このような動きのなか、平成27年7月30日の報道発表資料において、金融庁は事業者の皆様に対して、「円滑な資金供給の促進に向けて」というパンフレットを公表しました。
http://www.fsa.go.jp/news/27/ginkou/20150730-1/01.pdf

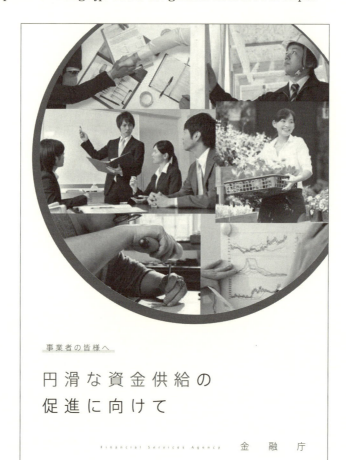

第3章 金融庁「円滑な資金供給の促進に向けて」とSWOT分析

　この内容については、そのパンフレットに概要が述べられていますが、いずれの融資についても、従来の融資判断である「融資申込み時点や過去の財務データ、また、担保・保証」にとらわれないものになっています。現在使われている金融機関内部の稟議書のフォーマットでは表すことができない「事業内容や成長可能性」を評価しながら、適切に判断する融資ということになっています。

　そのためには、金融機関はいままで求めていた情報開示資料に加えて、新しい情報を求めなければならないことになりました。とはいうものの、事業性評価といわれるような「事業内容や成長可能性」を見極めるためには、将来に対する見方を、借り手中小企業と貸し手金融機関が共有しなければならず、未だに皆が納得する確立した資料はありません。

　このパンフレットに掲載された「事業性評価に基づく融資」、「『経営者保証に関するガイドライン』に沿った融資」、また「『短期継続融資』を通じた運転資金融資」は、「融資申込み時点や過去の財務データ」並びに「資金使途・返済期日や毎月返済の妥当性、また、担保・保証」などの限定情報で融資決定を行う融資ではありません。しかし、これらの融資は、企業の全体像や将来の方向性まで検討した経営改善計画や企業組織図までの提出がなければ、実行できないような貸出ではありません。これは複数ある貸出のなかの一本の個別融資ですから、現実的で納得できる融資判断で対応することが求められるものです。

　そこで、融資を申し込む企業に負担感の大きい経営改善計画や企業組織などの検討まで求めるものではなく、その検討プロセスの入口に当たる「SWOT分析」程度の検討に留めることでも、これらの融資判断は可能であると思います。しかし、その「SWOT分析」資料の検討では、どうしても融資の判断が下せない場合は、その企業や支援

者の状況を見ながら経営改善計画・企業組織図までの資料の提出を求めることになると思います。

事業性評価に基づく融資等の促進

【パンフレットの文言】

自らの事業の内容や今後の見通し等について、金融機関によく説明・相談してみましょう。

融資や助言を行う金融機関に対し、事業者の事業の内容や成長可能性などを適切に評価し、融資や助言を行うよう促しています。

事業性評価とは、金融機関が、現時点での財務データや、担保・保証にとらわれず、企業訪問や経営相談等を通じて情報を収集し、事業の内容や成長可能性などを適切に評価することを言います。金融機関が目利き能力を発揮して、融資や助言を行い、企業や産業の成長を支援することは、金融機関の果たすべき基本的な役割です。金融庁では、金融機関がこうした役割をしっかりと果たすよう、事業性評価に基づく融資等を促しています。

《著者コメント》

借り手企業は、金融機関が自社について融資や助言を行ってくれるという受け身の姿勢であるならば問題です。企業サイドの情報開示のアドバイスを強く行うべきです。一方、金融機関としても、前に述べましたが、「融資申込み時点や過去の財務データ、資金使途・返済期日や毎月返済の妥当性、また、担保・保証」の内容だけで、融資の判

断をしようとする担当者がいるようでは問題です。

　実際、現在金融機関の内部で広く使われている稟議書は、以下のとおりであり、企業の事業の内容や成長可能性などを適切に評価する「事業性評価」を記入する欄はないようです。

＜金融機関内部の稟議書＞

貸出の種類	金額	利率	期日	返済方法	資金使途
担保					

貸出内容	現在残高	利率	毎月返済額	引当	当初金額	期日
①						
②						
③						
④						
合計						

財務内容	
損益状況	
財務比率	
所見	

支店長	副支店長	課長	担当	副審査役	審査役	次長	部長	取締役	専務・常務	副頭取	頭取
○	○	○	○	○	○	○	○	○	○	○	○

　上記の稟議書の必須記入欄は、トップの「貸出の種類」から「担保」までの3段ですが、ここには、「事業性評価」を記入する欄はありません。この様式では、所見欄に記入するしかありません。

　融資経験の少ない貸出担当者にとっては、なかなかこの「事業性評

価」まで書くことは難しいと思いますし、この「事業性評価」の書類作成には多くの時間がかかってしまいます。

　しかも、この「事業性評価」の書類が金融機関内部で認められ融資の承認が得られるまでは、上記のとおり、支店においては課長・副支店長・支店長、また本部においては、副審査役・審査役・次長・（審査）部長の了解を得なければなりません。まして、本部・審査部のメンバーはほとんどが企業訪問を行わず書類チェックしか行いません。したがって、この「事業性評価」の書類は、かなり精度の高い報告書を求められますし、記載内容の客観性も要求されます。まして、複数行取引の中小企業の場合は、他行比事業性評価の精度を落とすことは問題になります。

　ということで、金融機関の担当者としては、「事業性評価」に関する資料については、取引先やその支援者に「事業や成長可能性」について突っ込んだ記載のある資料を要求するようになりますが、とはいっても、この「事業性評価」の融資といっても、多くの貸出の中の一つの融資にしか当たりません。そこで、金融機関としては、借入申込企業に対しては、まずは「SWOT分析」の資料の請求くらいから切り出すことがせいぜいかもしれません。

　以下に示す事業性評価に関するSWOT分析チェックリストの作成を、まずは申込企業に依頼することをお勧めします。

第3章 金融庁「円滑な資金供給の促進に向けて」とSWOT分析

＜事業性評価に関するSWOT分析チェックリスト＞

事業性評価の項目	SWOT分析			
	強み	弱み	機会	脅威
当社の事業内容				
最近の売上状況				
最近のコスト削減状況				
中長期の売上・コスト見通し				
地域の産学官金との連携				
地域の外部機関・外部専門家との連携				
仕入先・販売先との連携				
金融機関・ファンドとの連携				
事業承継の見通し				
雇用状況				

　借り手企業自体が自ら自社の「事業性評価」を行い、文書にして金融機関に提出することは、その文書が支店においては支店長まで、本部・審査部においては（審査）部長まで届き、金融機関の意思決定ラインのメンバーは、その企業の「事業性評価」を直接評価することができるようになります。

　金融機関の意思決定は書類による合議制になっていますから、SWOT分析資料の回付があることにより、さらに精度の高い情報・資料が必要な場合は、その企業や金融機関の全体バランスを斟酌して、企業に経営改善計画書などの作成の要請がもたらされるようになります。返済猶予先に正常返済を付与するような、すべての借入れに影響する内容以外ならば、経営改善計画から将来キャッシュフローまで算出する必要はなく、経営改善計画の提出までは求める必要はないはずです。

　そして、この借入れに関する「資金繰り実績予想表」「試算表」と

事業や企業に関するSWOT分析で、強み・弱み・機会・脅威を明確にし文書化していただいたならば、金融機関の担当者としては、その内容を吟味しながら、本部審査部などの追加資料要請の指示に従うことが大切だと思います。

　なお、〈事業性評価に関するSWOT分析チェックリスト〉の「事業性評価の項目」については、各金融機関において、金融検査マニュアル別冊（中小企業融資編）の27事例を参考にしながら選択することをお勧めします。

「経営者保証に関するガイドライン」の活用促進

【パンフレットの文言】

　借入れ等の際には、経営者保証が必要かどうか、金融機関に相談してみましょう。
「経営者保証に関するガイドライン」の融資慣行としての浸透・定着に取り組んでいます。
　借入れのある中小企業の経営者のうち、8割超が個人保証を提供しています。個人保証の提供は、新規に事業を起こしたり、事業を承継したりする際に、大きな精神的負担をもたらすことから、思い切った起業や円滑な事業承継の障害となっている面もあります。そこで、経営者保証に関するルールを明確化するため、「経営者保証に関するガイドライン」が策定され、平成26年2月から適用が開始されました。

ガイドラインでは、
① 法人と経営者の資産・経理が明確に区分されている
② 法人のみの資産・収益力で借金返済が可能と判断し得る
③ 法人から適時適切に財務情報等が提供されている

といった経営状況が認められる場合に、金融機関は、経営者保証を求めないことや、既存の保証契約の解除などを検討することとなっています（必ずしも全てを満たすことが求められているものではありません。）。また、既存の個人保証債務を整理する場合においても、次のチャレンジに向けて経営者に一定の資産や華美でない住宅を残せることになっています。

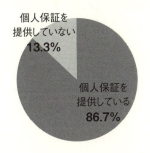

借入のある中小企業の経営者のうち、80％超が個人保証を提供

個人保証を提供していない 13.3%
個人保証を提供している 86.7%

(出典)中小企業庁委託「平成24年度個人保証に関する中小企業の実態調査」

《著者コメント》

金融機関は、融資に対して、本部などに稟議書など文書によって説得力のある説明をしなければなりません。経営者保証に関するルールを明確化するため、「経営者保証に関するガイドライン」が策定されましたが、その経営者保証の免除の条件は上記の①②③のとおりです。

「①法人と経営者の資産・経理が明確に区分されている」とは、資金

調達の担保に経営者の資産が投入されていないか、経営者の資産が法人の営業活動に関わっていないか、法人の損益における役員報酬のシェアは高くないか、法人の財務報告書に経営者の影響はどれほどあるのか、などを客観的に判断しなければなりません。

「②法人のみの資産・収益力で借金返済が可能と判断し得る」とは、法人のキャッシュフローで借金返済が無理なくでき、将来、経営者のキャッシュフローに頼ることはないか、との判断です。

「③法人から適時適切に財務情報等が提供されている」についても、法人の財務管理・情報開示態勢が確立しており、常に金融機関の求める財務情報等が適時に提供されているかということです。もし、その財務情報等が顧問・関与先の税理士などの支援を受けている場合は、その税理士と法人との関係が健全であるか、また税理士の資質や経営支援の姿勢なども、金融機関は公平に客観的に判断しなければなりません。

この「経営者保証に関するガイドライン」を判断するにあたり、新規の借入れ等の場合は、経営改善計画の提出までは必要ありませんが、上記の①②③に関わる証明書類を文書で提出してもらうことが大切です。

金融機関においては、経営者保証の解除に関しても本部・審査部に提出する稟議書という文書による承認が必要であり、本部のメンバーは貸出担当者から回付される文書によって意思決定します。その意思決定において、当該企業が事業性評価が高く、事業内容も成長可能性があり、上昇基調が顕在化するならば、「経営者保証に関するガイドライン」における保証の解除にも、有利に働きます。

そのためには、企業や事業に関して、「SWOT」分析による強み・弱み・機会・脅威の一覧表を提出して、その内容で法人の将来の全貌を表わすことができれば、保証の解除を達成することも可能になります。

3 「短期継続融資」を通じた運転資金融資の円滑化

―【パンフレットの文言】―

無担保・無保証の短期継続融資で運転資金を借りることも可能です。
金融機関に事業の状況をしっかりアピールして、よく相談してみましょう。

金融検査マニュアル別冊［中小企業融資編］に事例を追加しました。

中小零細企業の運転資金は、かつては、利払いのみの手形の書き換え等で調達できました。しかし、近年、そうした貸出慣行が少なくなり、運転資金でも長期融資で約定弁済を求められるケースが多く見られます。そこで、金融検査マニュアル別冊［中小企業融資編］に新たな事例（事例20）を追加し、正常運転資金の範囲であれば、手形の書き換え等の短期継続融資で対応することは何ら問題ないことを明確にしました。併せて、正常運転資金に対する考え方も、決まった計算方法ではなく、業種や状況により様々であるため、実態に合わせて柔軟に検討する必要があることを示しました。

《著者のコメント》

金融機関の担当者は、融資に対してはどうしても保守的な考え方で

接するものです。本来は、取引先企業が成長して、自分の金融機関にメリットを与えてくれたり、その地域の雇用を伸ばしてくれることを望みます。しかし、企業自体の資金繰りが苦しくなると、他行などが貸出の回収に向かったり、信用格付けが下がって自分の金融機関に引当金負担を負わせることとなることが多く、その担当者は自分の上司や金融機関に責任を感じるものです。企業は、どうしても成長の兆しよりも、資金繰りの窮境や損益の低下の兆しの方が、先行して表面化するものですから、貸出担当者は、その資金繰り・損益のアゲインストの兆しに関して「将来の成長の良い兆しで打ち消され、大問題にはなりません。」と回答することはできないようです。

　このような状況のなかで、中小企業融資において常に問題となるのが、正常運転資金の問題です。正常運転資金は、大まかに言えば、「売掛金＋在庫－買掛金」という立替運転資金のことですが、この数値は生きている企業にとっては常に動くものです。官公庁と取引をしている企業は、売上代金の入金時期が限定され立替え期間が長びくことがありますし、大企業と取引している企業も、先方の検収担当者の対応次第で、入金が遅れることもあります。

　また、現金決済ならば値引きをするという仕入先からの誘い言葉で、買掛期間を短縮して購入することもありますし、仕入先の都合で売り先への納品が遅れ、売掛期間が長期化することもあります。流行の激しい業界では、在庫が陳腐化するリスクは常にありますし、倉庫の災害や火災のリスクもあります。

　さらには、複数行から借入れしている企業の場合、この正常運転資金に対して、ある金融機関が返済を早めることも考えられ、その金融機関の返済財源捻出のために、資金繰りが苦しくなることもあります。

　このような不確定要素のために、正常運転資金を借りている企業は、

常に、利払いのみの手形の書き換え等で調達できた借入れに、金融機関からの返済を強要されるリスクがありました。手形の期間は3～6ヵ月の短期間であって元本への返済など気にしない貸出であるにもかかわらず、保守的で内部指向の金融機関の担当者は、この運転資金を長期融資に位置付けて約定弁済を求めるケースも過去には多くありました。

そこで、金融庁は、平成27年1月にこの正常運転資金に対し、金融検査マニュアル別冊［中小企業融資編］に新たな事例（事例20）を追加し、正常運転資金の範囲であれば、手形の書き換え等の短期継続融資で対応することは何ら問題ないことを明確にしました。

同時に、正常運転資金に対する考え方も、決まった計算方法ではなく、業種や状況によりさまざまであるものとして、実態に合わせて柔軟に対応する必要があることを示しました。

例えば、かつては、正常運転資金は、「売掛金＋在庫－買掛金」から現預金をマイナスした金額を主張したり、未収金や長期保有在庫もマイナスしなければならないと主張する金融機関担当者もいました。

また、その「売掛金＋在庫－買掛金」の数値は、決算報告書の期末時点の数値しか認めないとか、他行の借入れのうち、どの借入れが正常運転資金かという証明を強く求める金融機関もありました。各金融機関の当座預金の明細を求め、「売掛金＋在庫－買掛金」の金額を詰める金融機関もありました。

公共事業関連の年度末の立替え金額の増加や、卸売業者のメーカー年度末のリベート増加を狙った在庫増加や、小売業者の中元・歳暮・年度末対策の在庫積み増しもありました。さらには、メーカーの製品繁忙期前の見込生産期間の在庫増加や立替え資金の増加などもあり、業種や状況により、その立替え金額の増減はさまざまでした。

このように、ビジネスは大きく動くものですが、金融機関としても、

この実態に合わせた柔軟な対応が必要になっています。

同時に、金融機関としては、取引先企業の年間を通した立替え資金需要の動きを把握しておく必要があります。大企業ならば、これらの立替え資金需要は、「年度借入れ計画書（年度資金申込書）」で前期末や期初早々に説明されるものですが、中小企業については、年間の資金ニーズは大きく動きますので、金融機関の突っ込んだフォローや企業サイドの詳しい報告も求められるところです。その中から、正常運転資金は取引先の実情に合わせて柔軟に算出して、短期継続融資で対応することを明確にするべきです。

ただし、この対象企業の信用格付けが大きく下がった場合は、一般的には信用貸出である「短期継続融資」に対して（貸倒）引当金を大きく積み上げなければならないこともあります。

ということで、正常運転資金については、短期継続融資の誕生で、ある程度柔軟・寛大に対応できるようになりましたが、やはり企業に対する業績フォローは十分に行わなければなりません。そのために、この「短期継続融資」の新規実行時には、財務内容・損益状況・収支動向についての報告と、今後の事業内容や成長持続性などの事業性評価や新規事業に対する「SWOT分析」の資料の提出を求め、検討することも必要です。

第3章 金融庁「円滑な資金供給の促進に向けて」とSWOT分析

個別融資に係る検査手法の見直し

―【パンフレットの文言】―

個別融資に係る検査手法の見直し

個別の融資の判断は金融機関にまかされています。

（現状・今まで）

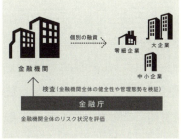

（本件後）

　金融機関は金融検査を理由に融資を断ることはありません。

　金融庁は、これまで、立入検査における個別の資産査定を中心に、金融機関の健全性を評価してきました。

　新しい金融モニタリングでは、金融機関のリスク管理態勢や金融機関全体の健全性を確認することとしています。このため、中小企業向けなど、個別の融資については、金融機関自らの判断が尊重されることとなっており、金融機関が金融検査を理由に融資を断ることはありません。

《著者のコメント》

　金融庁は、その検査のウエイトを、従来の金融機関への立入検査で行ってきた個別の資産査定から、金融機関自身のリスク管理態勢や金融機関全体の健全性を確認することにシフトすることになりました。確かに、かつての金融庁検査は個別の融資案件に踏み込んで、融資条件の内容の妥当性や引当金の積上げ状況までヒアリングをしていました。ドラマ「半沢直樹」「花咲舞が黙ってない」でも金融庁検査の厳しさが描かれていました。特に「半沢直樹」では黒崎金融庁主任検査官の行動や言動などが印象的に描かれていました。しかし、これからは違います。

　このことは、金融庁の金融機関に対する監督・検査方針の変化であり、金融機関自身による情報開示や取締役会等の機能の強化・健全性の強化を狙うものであると思います。したがって、中小企業向けなどの個別の融資については、金融機関自らの判断を尊重するようになり、金融機関自身の総合的な経営姿勢で、健全性の評価をするようになりました。いままでは、顧客の融資申込みに対して、金融検査を理由に融資を断ることも一部の金融機関ではありましたが、今後は個別の融資判断については、金融庁は踏み込まず、金融機関自身に任せることになりました。

　実際、いままでは、以下のようなケースがありました。

　ある中小企業経営者が、借入申込みを金融機関の支店担当者に電話で打診しました。その後、支店に呼び出されたその経営者は、金融機関融資担当者から融資謝絶を言い渡されました。その時のやり取りです。

　銀行員「当行として、今回のお貸出について種々検討をしましたが、
　　　　お貸出はできないことになりました。」

経営者「何故、お借入れができないのでしょうか。」

銀行員「総合的に判断して、今回のお貸出は、当行としてできないということになりました。」

経営者「どうして、お借入れができないのですか。その理由を教えてください。支店長さんのお考えですか。それとも本部・審査部の決定ですか。」

銀行員「具体的に、誰が決定したということは言えませんが、今回のお貸出は当行として、お受けすることができません。」

経営者「ですから、何故、我々のお借入れの申込みをお断りされるのか、その理由を教えてください。財務内容ですか、損益状況ですか、それとも、収支面ですか。」

銀行員「申し訳ございませんが、我々の金融機関としては、お借入れを承認する時もお断りをする時も、すべて総合的な判断で決めているのです。」

経営者「それは、納得できません。問題点がありましたら、具体的にご指摘ください。貴行に断られた点を改善しなければ、別の金融機関に行ったとしても、やはり断られてしまいますよね。だから、何故借入れができないか、その理由を教えてください。」

銀行員「ですから、総合的な判断で、今回のお貸出は当行としてお受けできないのです。金融機関としては、融資をお断りする時は、その具体的な理由を言わないことになっています。」

経営者「では、どうしても、貴行はその理由を教えてくださらないのですね。また、どこの金融機関もその借入れを断る理由を教えてくれないということですね。ということは、監督官庁の金融庁の指導ということですか。」

銀行員「そうですね……？　どこの金融機関も、お断りする理由を具体的に申し上げることはないと思います。」

経営者「だから、当社に貸出ができない理由は、金融機関の監督官庁である金融庁の指示であるのかということを、聞いているのです。」

銀行員「そうですね……？　とにかく、金融機関としては、借入金が実行できない理由は、具体的には申し上げられないことになっています。」

経営者「わかりました。納得できませんから、早速、金融庁に相談することにします。」

銀行員「そうおっしゃられても、私どもとしては、ご融資は総合的な判断でお断りすることを決めていますので、よろしくお願いします……。」

　この中小企業経営者と銀行員のやり取りは、どちらが正しいとも言えません。一般の顧客としては、金融機関の意思決定者は支店長か本部審査部長または頭取だと思っています。あるいは、その金融機関を監督する金融庁であると思っています。

　一方、銀行の担当者は、審査の内容を具体的に顧客・経営者に言ってはいけないと教育されています。融資を断る理由がいくつかあり総合的にお断りをすることになった場合、もし、その理由の一つまたは二つを顧客に告げその理由が解消した場合、または断る理由があるにもかかわらず他社は借入れを実行している場合は、銀行は差別を行ったなどという理由で大きなトラブルになってしまいます。

　貸出の謝絶をした時点で、一般的には、顧客・経営者と金融機関の担当者の信頼関係は薄れてしまうことになり、なかなか本当の情報交

換ができなくなるようです。

　このような場合、顧客は他の金融機関を訪問して、再度借入れの申込みをしますが、その謝絶までの時間が長くなることによって、他の金融機関から資金調達を受けるチャンスを失わせることになってしまうことも考えられます。

　中小企業の経営者の立場で考えれば、抑えることができない怒りを感じることもあります。まして、理由も言わずに、結論を先延ばしにして、結局、融資謝絶をする金融機関には大きな憤りを感じるかもしれません。その上に、信頼関係が薄れてしまった融資謝絶をした金融機関に対しては、その顧客の憤りは高まる一方ですから、監督官庁の金融庁に文句を言う行動に出ることもあるようです。しかし、このような個別案件にまで踏み込んで、金融庁が金融機関に指示命令をすることは、実際に、過去においてもほとんどありませんでしたし、これからもないでしょう。

　そこで、「金融庁に相談すれば何とかなる」という期待を当初から払拭し、顧客にも、その後の次善の策を講じるように動いてもらうことが重要であると思います。このことからも、金融庁は、「個別融資に係る検査手法の見直し」ということで、個別案件については、金融庁に相談されても対応できないことを、ここで力説しているものと思います。

　このような時は、顧客取引先の高まった感情が収まった時点で、金融機関は、この顧客に自社の「SWOT分析」を作成してきてもらい、当社の将来に対するアドバイスを冷静に行うことも一策だと思います。あるいは、この顧客の顧問税理士や関与税理士などと、意見交換をすることを勧奨したり、金融取引に詳しい他の専門家〈士（さむらい）業〉と相談することが、現実的な解決策であるようです。

第4章

経営改善計画とSWOT分析

本章では、経営改善計画におけるSWOT分析の活用について取り上げます。ポイントの1点目は「計画策定時に実施する事業調査におけるSWOTの活用」、2点目は「経営改善計画書を評価する金融機関目線でのSWOTの活用」です。

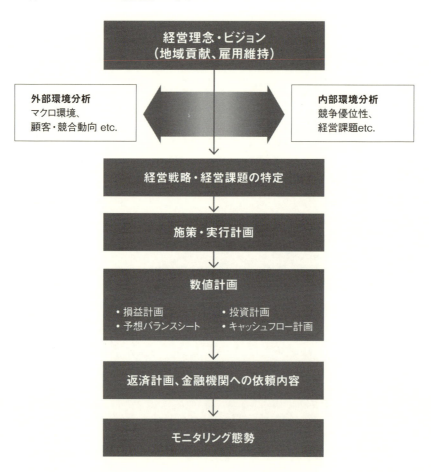

　前半では、SWOTとからめながら事業調査の手法について各論に踏み込んで解説します。事業調査は通常、外部環境（機会、脅威）調

査と内部環境（領域ごとの収益性や業務フロー、経営力などから見る強み、弱み）調査を行う作業ですので、SWOT分析を活用して取引先企業を把握する金融機関担当者にとっても必ず理解するべきものです。

後半では、実際にSWOTのフレームに沿って事業DDや経営改善計画を評価する手法について事例を用いながら解説していきます。

事業調査で重要なポイント

事業調査は、対象企業の強み、弱み、機会、脅威を的確に洗い出す作業ですが、陥りがちな罠があるので注意が必要です。

〈例〉
- 調査と聞いて、闇雲に手当たり次第調べてしまう
- 何から何まで完全に調べあげようとしてしまう
  → どんなケースでも、限られた時間と情報のなかで核心をつかまなければなりません。そのためには、あらかじめ調査の観点を絞り、効率的に調査を進める必要があります。
- 形式的な事業調査のフレームを埋めることに終始してしまう
- 単なる事実の羅列になってしまう（例：「A事業の利益が○％ダウンしている」「商品Bが売上の70％を占める」など）
  → 表面的な事実を"よそゆき"の見栄え良い形式にして並べることが調査ではありません。もっともらしい報告でも、「だから何？」という内容だとしたら、それはよい調査とは言えません。

以下では、このような間違いに陥らずに経営改善計画を策定するために3つの注意点を説明します。

ア 事実から原因を追及する

　事業調査は企業の現状という目に見える事実を出発点とし、その要因を探っていくというプロセスで進めるべきです。例えば、A社が「売上は上がっているが利益は下がっている」という状況だった場合、なぜ売上が上がっているのか？　一方でなぜ利益は下がっているのか？　変動費率が上がっているのか？　固定費が膨らんでいるのか？　といった切り口から、SWOT分析を意識しながら深掘りしていきます。その結果、市場が拡大していて（機会）売上がアップしている一方、販売単価設定が適正でないために粗利率が落ちている、さらには正確に原価計算ができる仕組みや人材がいないことが真因である（弱み）……といった当社を取り巻く内外の状況が明らかになってくるのです。

　仮に、事実を起点とせずに調査を始めた場合、まんべんなく一通りの内容のヒアリングや現地視察を行うことはできても、なんとなくフォーカスの定まらないぼんやりとした結果しか出てこなかったり、本質に迫りきれない可能性があります。なにより、限られた時間のなかで膨大な調査対象を調べ尽くすことは到底不可能ですから、効率的に重要なポイントを掘り起こすことが大切です。事実から出発するというプロセスを忠実に意識して進めれば、書式の"空所補充"作業に終始してしまうという本末転倒な事態に陥ることもありません。

イ 仮説を持って調査を開始する

　事前に簡単な外部環境の把握や財務調査を行った上で、仮説をつくってから事業調査を開始します。外部環境の把握とは、『業種別審

査事典』(きんざい)や直近の新聞記事などで業界の仕組みや最新動向を調べることをいいます。また財務調査といっても、財務三表に目を通して気になる点を抽出する簡易なものでもかまいません。

＜仮説の例＞
- 売上が上がっている一方で粗利率が下がっている。
  - →無理して安い仕事をとっているのではないか。
  - →不採算取引となっていないか。
- 売上・利益は横ばいなのに、現預金が減っている。売掛金や在庫が増えている。
  - →不良債権はないか、回収条件や支払い条件の悪化がなかったか。
  - →売上の水増しをしていないか。
- 急激に売上が上がっている。昨今、インバウンドで訪日観光客が増加している。
  - →売上増はインバウンドの影響が大きい。
  - →有用なターゲットとして外国人観光客が見込めるビジネスモデルである。
  - →一方で、外国人観光客向け売上に依存しないでビジネスは成り立つのか？

こうした仮説がなければ、調査の焦点を絞ることができません。例えば、以下のような要領を得ないヒアリングになってしまいます。
「なぜ赤字に転落してしまったのでしょうか？」
「……なんででしょうねぇ。安い仕事をとっているのかもしれませんね。景気がよくないですからね……」
これでは、実態を掘り起こすことはできません。さすがに社長に聞けばわかるのでは？　と考えるかもしれませんが、社長自身も的確に

会社の状況を把握しているとは限りません。例えば、社長が「Ｚ社は安定的に大型受注をくれる主要顧客である」と認識している場合でも、別の見方をすれば「当社はＺ社に依存した受注構造」であり「Ｚ社への薄利販売が利益率を下げている要因」なのかもしれません。その場合、仮説を持ってＺ社からの受注単価の推移や粗利推移などの数字を確認し検証していくことが、真の問題点を洗い出す近道になります。

ウ 問題点や強みの真因まで深掘りする

　例えば「事業Ａの売上・利益がダウンしている」や「商品Ｂの売上が一番多い」といった内容がわかったとしても不十分です。それがなぜなのか、それが当社にとってどういう影響を及ぼす事実なのかを深掘りしなければ、次の対策や戦略につながりません。

「当社の強みは商品力である」といった分析でも不十分な場合があるので注意が必要です。一見、良い分析のように見えますが、強い商品を生み出す源泉は何だったのでしょうか。顧客ニーズを的確に拾うマーケティング力？　高い技術力？　それとも社長個人のアイデア豊富な商品開発力でしょうか？　そこまで追及しなければ、本当の「強み」は見えません。深く理解するためには、SWOT分析を意識して「なぜ？」を繰り返し問うていくといいでしょう。

第4章 経営改善計画とSWOT分析

<経営改善計画における事業調査の基本>

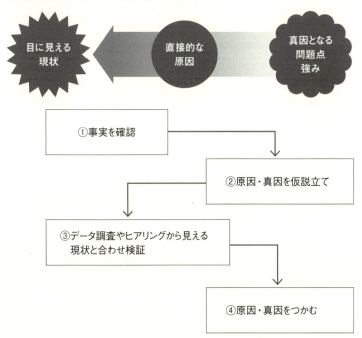

2 外部環境分析から事業を取り巻く環境を把握する

　中小企業は環境適応業と言われるほど外部環境に経営が左右されます。これは資本力が少なく、また商圏も限定的となっていることなどに起因し、多くの企業がこの外的要因に対応できずに衰退していきます。グローバル経済のなかで大企業であっても時流に左右されることを鑑みれば当然とも言えます。

　また、窮境企業のほとんどが規制や顧客嗜好の変化、競合企業の台頭などの外部環境変化に対して内部体制を変えられないまま窮境状態に陥っています。そのような企業の社長に限って、あの時は良かったと過去の栄光に囚われ、業績悪化の原因を景気が悪いからと結論づけます。また、景気さえ良くなればといった見通しの立たない売上増の期待を持ち続けています。

　外部環境調査では、こうしたリスクや逆にチャンスとすべき環境を明確化することで、その対応方法を検討し、実効性のある経営改善計画を策定するために、これらを拠り所にしていきます。以下では、マクロ環境とミクロ環境に分け、分析事例を交えて解説します。

ア　マクロ環境分析

　マクロ環境は業界を取り巻く環境です。外部環境を分類する代表的なフレームであるPEST（政治、経済、社会、技術）を用いて説明すると、以下のとおりです。

▶ P＝政治環境（Political）

　政治環境要因は、法律や規制、税制などの国や地方自治体レベルの決定事項などで、これらの改正や決議が企業活動に影響を及ぼします。具体的には、法律改正や政権交代、裁判制度、判例などです。

　例えば、高額商品を販売する業界ではクレジット払いが当たり前であり、支払方法に関する法律・規制が大きな影響を及ぼします。平成22年に施行された改正割賦販売法では、利用者の1年間の「年収等」、「生活維持費」、「クレジット債務」に基づく「支払可能見込額」を算定して審査することを義務付け、「支払可能見込額」を超えるクレジットの利用は原則禁止となりました。これにより、実際に宝飾品業界は大きく販売額が減少しました。バブル崩壊後衰退していた業種だけあって、この改正で多くの企業が追い打ちをかけられた形で廃業に追い込まれたのでした。

　また最近の身近な例としては、消費税の税率引上げや軽減税率の対象範囲、TPPなどが挙げられます。法律や税制の改正動向を注視し、それにより市場がどう変化し、対象企業に対してどのような、そしてどの程度の影響を与えるのかを把握して、機会や脅威への備えに役立てます。

▶ E＝経済環境（Economic）

　景気動向や投資環境、国の財務体質、具体的にはGDP成長率の増減や消費の動向、失業率、株価、金利、為替レートの変動などです。

　例を挙げると、海外からの輸入製品を90％以上の割合で仕入をしている雑貨卸売業は、急激な円安で仕入原価が膨らみ業績が悪化しました。2012年始めのドル/円相場は1ドル80円台でしたが、2014年には1ドル100円と円安が進みました。企業としては80円から100円へ

の円安で、これ以上の円安は短期には想定せず損益管理をしていました。ところが2015年には1ドル120円となり、仕入コストが想定を超え、利益が圧迫されました。90％以上の仕入を海外依存しているため仕入ルートの国内対応化も難しく、苦しい経営を迫られました。

　直接的には輸出入に関連しない企業でも、日本は資源や食品原料の多くを輸入に頼っており、間接的に仕入れコストが上がることは大いにあり得ます。また、需要（消費動向）と供給の関係による価格変動や、有効求人倍率等は採用コストに影響を与えるなど、経済環境はどんな企業にも多大な影響を与える要素といえるでしょう。

▶S＝社会環境（Social）

　社会の環境や消費者のライフスタイルの変化などは、主にマーケティング的な要素において企業活動に影響します。具体的には、文化の変遷や世間の関心、人口動態、教育および宗教などです。

　身近な例としては高齢化があります。日本は1970年で高齢化社会に、2007年には超高齢社会になりました。このような人口動態の流れから老人ホームや介護ビジネスが伸びました（ただし、介護報酬等の政治的要因で経営は楽ではないところが多いです）。

　一方で、少子化の進行により大きく影響を受けた代表例が学習塾です。対象とする顧客（人口）が減り、競争が激化しました。画一的な授業から個別授業へサービス内容を変更するなど、差別化や需要に合わせた対応が求められてきました。

　社会的要因については、人口動態など長期的な視点でおおむね予測できていることが多くあります。しかしながらその対応を取らず、徐々に衰退していく企業も多いのは事実です。企業の現状を理解し、長期的な視点で将来を予想することで準備すべきことが見えてきます。

▶ T＝技術環境（Technological）

　技術革新は、製品技術のみならず広告、販売手法など、企業活動におけるあらゆる面で影響を与えます。

　最も代表的な例は、インターネットサービスおよびIT化の技術革新ではないでしょうか。IT化・デジタル化に加え、インターネットの普及により、あらゆる物の可搬性が高まり物流や商流が変容し、ビジネス全般において革命が起きました。デジタルコンテンツ化によって、書店やCDショップなどが厳しい環境になったことは周知のとおりです。また、企業側がインターネットを通じてマーケティングやサービスの提供をすることで、大きく業績を伸ばすことも可能になりました。ソーシャルネットワークなどを活用して顧客とより親密な関係を築くことや口コミを活用するなど、販売を促進させ業績を飛躍的に向上させている企業は多くあります。

　これらの技術および手法は今もなお進化を続けており、今後も引き続き企業にとっては最も注視しなければいけないポイントと言えます。最新の技術に対して、自社のビジネスにどのように取り込むことができるか、またはどのような影響を与えるという点で調査、想定、分析を行い、自社の戦略に組み込んでいく必要があります。

　以上4つの環境に対し、SWOT分析的視点で自社にプラスないしマイナスのインパクトを与え得る要因を整理し、その影響度を評価します。また、現在だけではなく何年か先の未来を予想すること、さらに外部環境に対して何をすれば効果的なのかを考えることも重要です。これは、経営改善計画策定において最も重要なポイントの一つである売上予想に大いに役立つものです。

イ ミクロ環境分析

業界内の環境の変遷や特異性、認識や比較評価などを定量的に分析していきます。具体的には、市場・顧客（Customer）と競合他社（Competitor）です。これは、第1章でご紹介したいわゆる3C分析ですが、第3番目のCである自社（Company）は後述の「3. 内部環境分析」に譲ることにします。

(1) **市場・顧客(Customer)**

特に、対象企業の業界の「特異性」と「ライフサイクル」の2面を知ることが重要です。

① **業界の特異性**

まずはその業界の商習慣や基本的な業界の流れを把握すべきですが、決してその業界に精通できるほどの知識を得ることまでは必要ありません。あくまで「基本的」なことを押さえる必要があるということです。

例えば、産業廃棄物中間処理業は、行政からの許可がないと廃棄物を受け入れることができず営業が行えません。また、取扱品目についても許可が必要となり、どの企業もすべての廃棄物が扱えるということではありませんから、それを把握せずに取扱いができない品目を指して売上利益を確保することなどは全く現実的ではありません。このように、その業界での基本的なビジネスの制約条件を把握せずに次の対策を考えられるわけがありませんから、まずはその業界の特異性を知ることが必要です。

短期的にこれらを把握するためには、まず対象企業の社長に聞くのが早いでしょう。あるいは、同業界の経営者や対象企業の業種に携わっている人に聞くか、出版物からの情報収集も有効です。一般向け書籍の他にも、シンクタンクの出している業種別事典のような専門書、業

界紙も役立ちます。

② 業界のライフサイクル

　市場規模が常に成長し続ける業種はありません。どんな市場でも必ず成長期、成熟期、衰退期という過程をたどっていきますが、その企業が置かれた業界がどのフェーズにあるかに応じ、その時期に適した経営手法を取ることが必要です。

　そのためにも、業界のライフサイクルを見極めることが重要です。企業数の推移や業界マーケットサイズ、企業の動きなどで参入企業が急速に伸び、市場規模も伸びている成長期であれば、売上は伸び、競合も少ないため価格コントロールもしやすく、利益も出しやすい環境にあります。また、倒産企業数が増加し、全体の企業数も減少傾向に入り、価格競争が激化している転換期や衰退期であれば、供給過多となっているため、必然的に価格競争が起こり、利益は出にくくなるとともに、体力のない中小企業は、市場からの退場を余儀なくされます。このような環境の特徴から、業界のライフサイクルを調査することは対象企業を知る上でも重要です。

　窮境企業が置かれている業界の多くは転換期や衰退期であり、この場合、市場自体はあまり成長しませんから、単純な拡大志向だけでは対応できません。ところが、中小企業の社長に今後の方向性を聞いてみると、売上アップと言った拡大志向をまず口にするケースが極めて多いようです。高度経済成長時代の思考のまま頭を切り替えられないことと思います。

　このように、ほとんどの中小企業は、外部環境に対する対策が問われており、顧客ニーズの変化への対応、独自性を強化し特色を打ち出すこと、価格圧力への対抗による業務効率の向上など、課題も多いのです。

⑵　競合企業の把握

　中小企業の場合、対峙する競合企業を知ることが難しく、把握できていないことが多いものです。一方で小売業のような業態の場合は店舗訪問することで簡単に調査することができます。ただし、経営者の意識が低ければ、企業自身は積極的に情報を得て経営に活かしていないケースが多いのも事実です。

　例えば、我々が依頼を受けた小規模食品スーパーを営む企業は、商圏も限られ、隣接店（競合）が明確にわかっているのに調査もしない無関心な状態でした。競合店の強みや品揃え、価格、サービスすらよく知らないまま、彼らが業績を伸ばしている要因も分析せず何十年も独自の努力で営業を続けていました。反対に競合企業は近隣店舗の調査を徹底的に行っており、当社の強みであった惣菜部門を模倣し、さらには上回るほどの強化をして、顧客を奪っていたのでした。

　敵を知らずに自らの改善施策を打つことはできません。競合動向を把握する場合に、BtoC（一般消費者向け）事業の場合は直接見ることが可能です。バックヤードまで調査することは難しいですが、一般顧客を装って入店し、多くの部分を調査、比較することができます。BtoB（企業向け）事業の場合は調査することは難しくなりますが、調査会社からの調査資料取り寄せや営業社員からの情報収集等により競合の商品（商品力や価格帯）や営業力を知ることはできますから、やれることは実施すべきです。

　いずれにしても、競合調査における最大のポイントは、対象企業と競合企業の違いを明確にすることです。調査する視点、項目が重要となり、同じ評価軸でいかに競合との違いがあるかを整理します。

　金融機関担当者の視点でも、こうした外部環境分析のポイントを認

識しておくことは有用です。例えば、中小企業から提出される経営改善計画は、売上増加の根拠が希薄なケースが目立ちます。そして、「この数値の理由を明らかにしてください」と企業経営者や幹部に依頼しても、その反応は芳しくないことが多々あります。このような場合には、上記のマクロ・ミクロ環境分析のポイントに触れながら情報・意見交換をすることで検証し、根拠が不確かな部分については修正の方向性を示しながら再提出を求めることが効果的です。

3　内部環境分析

　内部環境分析では、SWOT分析における自社の強みや弱みを明らかにしていきます。
　以下ではまず、経営改善計画策定における内部環境分析で標準的に実施する調査内容をご紹介します。

ア　ビジネスモデル
　まずは対象企業の商流をつかみます。この部分については社長が一番よく把握していますので、ヒアリングなどから明らかにすることができます。また、企業内部のバリューチェーン（事業活動を工程に分解し、どこに価値や弱みがあるかを探るフレーム）や、取引先や関係会社等を把握し、ビジネスの全体像を明確にしていきます。こうした細かい内容については、データ分析や幹部社員からのヒアリングを行うことで明らかにしていきます。
　次の図は、対象企業のビジネスモデルや主要得意先を明らかにした

報告例です。ケースによっては、この他に主要仕入先分析、売上や資金需要の季節変動など特徴的なポイントを分析する必要があります。ビジネスモデル自体のなかに強み・弱み、機会・脅威を見ることができる場合もあるため、「当たり前なので分析は必要ない」と疎かにすべきではありません。

例えば、図の「ビジネスモデル」では外注を多用している実態が明らかですが、これを手がかりに「なぜ外注を使うのか」「外注活用による収益力への影響は？」等の調査を行うことで、強みや弱みの洗い出しにつながっていきます。「主要販売先」の分析からは、顧客は小口で分散されているため大きな貸倒れリスクが少ないという強みがわかります。

<ビジネスモデル分析の例>

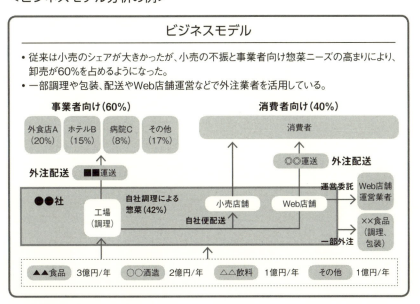

<主要販売先分析の例>

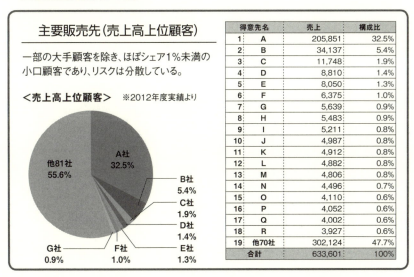

イ 事業機能①：業績データ分析（売上や収益性）

　事業別、商品別、顧客群別などで収益性を見ることで、儲かっている領域と足を引っ張っている領域を見極めます。中小企業の場合、日常的にこのような分類・分析をしていることは稀です。社長であっても勘に頼り、事業別の収益すら正確に把握していないケースがほとんどであり、時には間違った認識をしていることもありますので、数値で見える化することは非常に重要です。

　この分析は通常、総勘定元帳や販売管理ソフトなどのデータを分類しながら行っていきますが、企業によっては電子データで管理していないこともあり、その場合は請求書などの紙データを分析する必要があります。本来は通期や経年でデータ分析することが望ましいですが、この場合は作業負荷とのバランスも考え、サンプルとして数ヵ月分のみの調査とするケースも多いです。

　次の図は、収益性分析の例として「店舗別収支」と「新規・既存得意先別粗利率」を示しています。ケースによっては、自社内のカテゴリー別の比較に加え業界平均との比較等が有効な場合もあります。「新規・既存得意先別粗利益率」の分析は特殊な例ですが、PL（損益計算書）上の粗利が経年で低下している要因を特定し、克服すべき弱みを明らかにするものです。

第4章 経営改善計画とSWOT分析

<店舗別収支分析例>

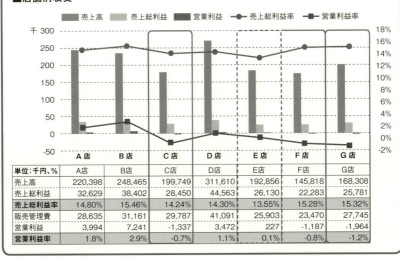

店舗別収支

- 7店舗中、3店舗が営業赤字であり、いずれも売上高が低水準である。
- 一方で、E店のように売上も売上総利益率も低水準だが、販管費（固定費）を抑制し黒字化している店舗もある。

■店舗別収支

単位：千円、%	A店	B店	C店	D店	E店	F店	G店
売上高	220,398	248,465	199,749	311,610	192,856	145,818	168,308
売上総利益	32,629	38,402	28,450	44,563	26,130	22,283	25,781
売上総利益率	14.80%	15.46%	14.24%	14.30%	13.55%	15.28%	15.32%
販売管理費	28,635	31,161	29,787	41,091	25,903	23,470	27,745
営業利益	3,994	7,241	-1,337	3,472	227	-1,187	-1,964
営業利益率	1.8%	2.9%	-0.7%	1.1%	0.1%	-0.8%	-1.2%

＜新規・既存得意先別粗利率分析例＞

新規・既存得意先別粗利率

既存先の粗利率は前期比で低下している。既存⇔新規開拓先の比較においては、新規開拓先の粗利率が大幅に低下しているのが目立つ。
以前と比較し、最近開始した取引は利益率の低い案件が増えていると言える。

＜担当者別・得意先別　粗利率＞　※2012年度実績より

担当者	既存得意先			新規得意先	
	前期	当期	前期差	当期	既存との差
A	14.3%	13.5%	-0.8%	13.3%	-0.2%
B	15.0%	14.5%	-0.5%	13.5%	-1.0%
C	14.2%	13.7%	-0.5%	15.3%	1.6%
D	14.5%	14.4%	-0.1%	13.3%	-1.1%
E	16.9%	17.0%	0.1%	11.2%	-5.8%
F	16.5%	15.1%	-1.4%	15.0%	-0.1%
G	15.7%	14.3%	-1.4%	12.8%	-1.5%
H	14.0%	14.2%	0.2%	14.3%	0.1%
I	14.6%	14.4%	-0.2%	8.5%	-5.9%
J	13.2%	12.8%	-0.4%	13.9%	1.1%
K	13.8%	13.7%	-0.1%	8.0%	-5.7%
L	13.4%	12.5%	0.1%	7.2%	-6.3%
全体		14.2%		12.5%	-1.7%

- 既存先だけでも、前期と比較して粗利率が低下している。
- 粗利率の変動が少ない担当者もおり、ちょうど既存得意先の全社平均粗利率を維持している。
- 既存先と比較して、新規開拓先の粗利率を－5ポイント以上も低下させている担当者が目立つ。
- 全社レベルで、既存先に比べて新規開拓した得意先の粗利率は低くなっている。

ウ 事業機能②：業務フロー分析

　主に事業運営上のネックとなっている部分を洗い出すために、各業務の流れと実態を明らかにします。業務を行う上でのムダ・ムリ・ムラはコスト高につながるものであり、経営改善計画においてはコスト削減のターゲットとなります。

　調査手法としては、通常は従業員へのヒアリングから行います。
「どんな業務を担当しているのですか」
「どんな流れで行っているのですか」
「その工程はなぜ必要なのですか」

「そのやり方ではやりにくくないですか」

このように聞いていくと、「そういえばそうですね……自分でもなぜやっているかわかっていませんでした。この作業はムダかもしれません」というように、問題点が明らかになってくることが多いものです。「業務上の問題点はありませんか」と直接聞く方法もありますが、その場合は彼ら自身が認識していない問題を見逃してしまう可能性があります。

ここで明らかにした業務上の問題点は、収益やキャッシュフローを悪化させている原因と考えられます。例えば、販売単価を社長が適当に決めているのであれば不採算取引がネックとなっているとか、在庫の管理を誰も行っていなければ過剰仕入れにより資金繰り圧迫要因となっている可能性があります。業務上のミスを頻発しているような状態であれば、顧客離れやクレーム、値引きにつながっているかもしれません。

このように、問題点が収益やキャッシュフローにどのように影響しているかを意識しながら明らかにしていくことは大変重要です。特に窮境企業の場合は、キャッシュフローに結びつかない瑣末な問題点とその改善に目を奪われ、時間をムダにするべきではありません。

次の図は、請求書発行業務を例に業務フローの問題点を明らかにしたものです。

＜個別業務フロー分析の例＞

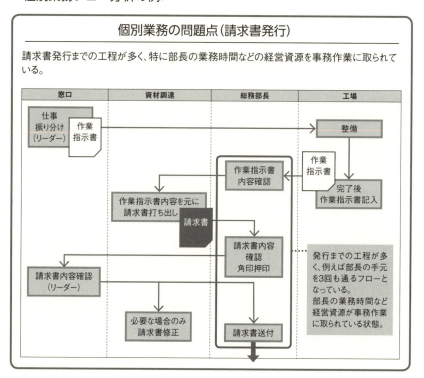

経営力①：経営理念、ビジョン

「経営理念（大切にしている考え方）」や「ビジョン（将来の目指す姿）」をきちんと明文化している中小企業は少ないかもしれませんが、いつも社長が口にしていること、経営判断の基準となっていることが、幹部や従業員の行動や発想の拠り所として浸透していることは多いものです。

　これは例えば「単純な売上・利益追求」を原則として動く組織か、「お客様に喜ばれること」を第一に行動する組織かという風土としてその違いが顕在化してきます。あるいは、経営理念・ビジョンがないため

に経営者と従業員の間の溝が大きく、トップの考えが全く浸透しておらず全体として統制がとれていないというケースもあります。

　いずれにせよ、この経営理念やビジョンは業績や事業戦略に大きな影響を及ぼし、強みにも弱みにもなり得る重要な要素です。

オ　経営力②：計画力と実行力

　PDCAサイクル（Plan計画→Do実行→Check検証→Action改善を繰り返す行動理論）を回すことは非常に重要であり、経営者や組織にこれが身についているかどうかは中期的な業績に大きな影響を与えます。高度経済成長期のように外部環境から異常なほどの追い風がある場合は別ですが、厳しい競争環境に晒されない業界を探す方が難しい昨今、事業戦略や計画から確実に成果につなげていくためには必須の行動パターン・習慣だと言えるでしょう。

　PDCAサイクルがうまく回っていない企業は、調査の初めの段階ですぐにわかります。調査のために経営判断に使っている資料を提出いただきますが、例えば直近の試算表が3ヵ月前のものしかないような場合には、迅速な経営判断をするためのPDCAサイクルは不在と考えてよいでしょう。このような企業の場合、PDCAが普通にできる体制にするまでに時間を要するところがほとんどです。

カ　組織・マネジメント

　業務フローと同様に、組織構造やマネジメントにムダが隠れている場合があります。例えば、機能の重複、指示系統やリーダーが曖昧な組織構成、バラバラな方針による拠点運営など、改善点につながるケースは多いです。また「組織は戦略に従う」という言葉のとおり、新しい事業戦略に応じて必ず組織再編も検討することになります。そのた

めにも、組織の現状や問題点を明らかにしておくことは重要だといえます。

＜組織・マネジメント分析例＞

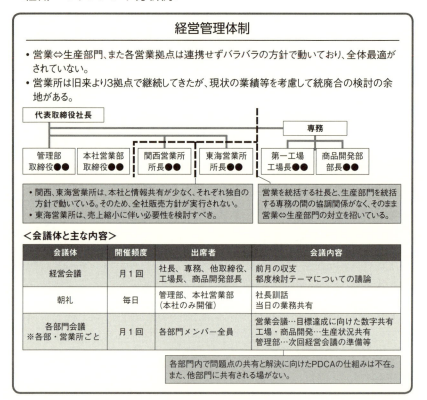

このような内部環境分析から弱みを明らかにすることは、経営改善計画にとって重要となる費用削減計画の根拠を発見する意味で大変有用です。一方、事業の強みを抽出することは、今後の中長期戦略立案につながっていきます。

しかし、こうした企業内部に踏み込んだ分析は専門的で作業負荷も高いため、金融機関の担当者や本部審査部のメンバー自身ではできま

せんし、かと言って企業側に求めることも難しいものです。したがって、前述のような内部環境分析の実施は専門家に任せ、企業の経営者や幹部の方々には分析の対象となる事項を理解していただくこと、一方で金融機関側には分析資料の見方や評価手法を習得していただくことが必要ではないでしょうか。

4 SWOT分析活用による経営改善計画策定

本節では、金融機関担当者の視点で、企業や専門家が作成した経営改善計画を評価する際に役立つポイントを解説します。特に、SWOT分析の視点を活かして「抜け漏れなく」「効率的に」内容を理解する方法に着目します。

SWOTの視点で報告書を効率的に読み解く方法

事業デューデリジェンス（事業DD）は事業面の実態を明らかにするものですが、究極的にはSWOTのフレームで企業・事業を理解することと言っても過言ではありません。例えば、経営改善計画における事業DDの直接的な目的は「窮境要因の特定」と「改善の方向性の見極め」ですが、窮境要因はSWOTにおける弱みや脅威であり、改善の方向性はクロスSWOT分析の結果として位置づけられるからです。

具体的に、専門家から事業デューデリジェンス報告書が上がってきた場合に、その内容を評価し理解する手順は以下のとおりです。

① 各内容について、SWOTのどの象限へプロットされるかをイメージしながら、全項目にざっと目を通す

② おおざっぱなSWOTが完成したら、もう一度各項目の詳細を確認する。この時、報告内容に「調査不足」「事実の曲解」「主観に基づく報告」といった不備がないかを検証しながら、SWOTを修正していく。
③ 各象限が埋まったSWOTから、窮境要因と改善の方向性を見極める。

まず大切なのが、SWOTのフレームを常に意識して理解を進めるということです。フレームを使わずに調査報告を頭から順番に字面どおり読み進めていく方法では、調査の過不足を見逃したり、事実を平面的に並べて把握するだけで重要なポイントの理解に至ることができません。

SWOTのフレームで把握すれば、「弱みはわかったが、強みの欄が空白」といった調査不足に気づくこともできますし、「当社を取り巻く環境は機会が少なく、脅威があまりに大きい」＝「リスクの大きい事業である」など、事業性の見極めにつながる理解ができるようになります。

もう1点重要なポイントとして、最初に一通り目を通してから詳細を検証するプロセスを経ることで、効率的な理解につながるということです。読書でも2回目に読むと1回目に気づかなかったことが発見できた、あるいは文章を書く時にゼロから書き起こす時はあんなに大変だったのに、読み返してみたら良い点、悪い点がよく見えたといった経験がないでしょうか。どんなビジネスシーンでも、まず一度全体像をつかみ「仮説」を頭に入れてから、それを検証する形で内容の理解を進めることが、物事を把握するコツなのです。

イ　事業デューデリジェンス報告作成例とSWOT分析

　具体的な調査報告作成例を取り上げ、SWOTのフレームに当てはめながら見ていきます。ここでは、金属加工業の会社を題材としています。

　なお、下記の作成例は、筆者であるマネジメントパートナーズが提携会計事務所向けに提供している経営改善計画書書式（サンプルSと呼んでいます）を使用しています。サンプルSは、中小企業庁が公開している「サンプルA」を元に作成しており、詳細は本書第5章にて紹介しています。

　※サンプルAは、以下のWebサイトから参照していただけます。

①中小企業庁「認定支援機関による経営改善計画策定支援事業の利用申請」

http://www.chusho.meti.go.jp/keiei/kakushin/2013/0308KaizenKeikaku.html

　※PDF形式のサンプルAがダウンロードできます。

②山形県企業振興公社Webサイト（「支払い申請時の必要書類」の中の「経営改善計画書（サンプル）」をクリック）

http://www.ynet.or.jp/keiei/saisei/saisei_kaizen.html

　※サンプルAを元にしたExcel書式がダウンロードできます。

検討フロー

　①ビジネスモデル⇒②組織図⇒③外部環境⇒④セグメント別収益性分析⇒⑤業務フロー分析⇒⑥組織・人事、経営管理⇒⑦SWOT分析

① ビジネスモデル

- 塗装メインのA社及び板金メインのB社が主要顧客であり、両社で売上の55%を占めている。
- 売上のうち「板金・塗装」の一貫受注が56%を占めており、「一貫受注」が当社の強みとなっている。

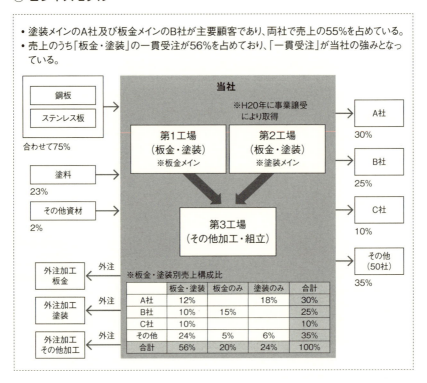

◆ビジネスモデルからわかること

【強　み】

- 板金、塗装の一貫受注が強みとなって受注につながっている。

【弱　み】

- 売上はA社、B社、C社に集中している（A社、B社合計で55％、3社合計で65％）。

【その他】

- 外注に出している分もあるが、内製化できないのか？　または生産量の調整弁として有効に機能しているか？

◆注意点

　ビジネスモデルの解説ページには少なくとも、販売先、仕入先、外注先との関係性、主要取引先および取引シェア（または取引額）の内容が含まれている必要があります。

② 組織図

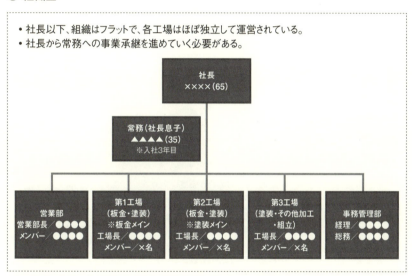

◆組織図からわかること

【強　み】
　・後継者が存在している。

【弱　み】
　・社長直轄でフラットな組織になっており、社長への依存が大きい。

◆注意点

　事業改善を図る多くのケースで組織改編が伴います。機能が重複す

る部門や不採算部門の統廃合、人員の異動や解雇等によるコスト削減、また販売（生産）戦略変更に伴う営業（生産）部門再編や、マネジメント強化に向けた構造改革などです。

　したがって、組織図には現状の組織を把握するため、どのような機能がどのような構造で組織化されているかが把握できるように表現されているべきです。

③ 外部環境

		現状	当社への影響
市場	金属製品塗装業界	市場は緩やかに回復傾向。一方で事業者数は減少傾向。	業界における残存者利益、また当社の強みを活かし積極営業することで受注増が見込める。
	板金業界	市場は緩やかに縮小傾向。また、事業者数も減少傾向。	新たな需要獲得は難しい。
	金属製品塗装における原材料価格	直近5年間は価格が安定しており、業界全体の原材料比率も横ばい。	今後しばらくは原材料費は安定と予測できる。
顧客	塗装 主要顧客A社	近年新市場への展開など業容拡大を図っており、好調が続く見込み。一方で、A社の取扱い装置は大型化が進行。	・長年の取引実績に裏付けられるA社との強固な信頼関係があるため、A社の拡大に乗じて当社売上増も期待できる。 ・一方で、当社は中規模装置までしか対応できないため、A社からの受注が減っていく可能性が高い。
	板金 主要顧客B社	B社事業のうち電子部品関連の機械は市況が不安定で、直近期では売上減の予測。	売上の変動が大きく、受注予測や資金繰り予測が立てづらい。保守的に見れば、B社売上には期待できない。
競合	塗装・板金業界既存競合	設備を最新化することで、大規模装置への対応や生産の効率化を進めている。	・大規模装置への対応により、A社受注をリプレースされるおそれあり。 ・生産効率化から低価格化が進み、価格競争が激化するおそれあり。

◆外部環境分析からわかること

【機　会】
- 塗装市場は伸びる一方、事業者は減っているため残存者利益を受けられる可能性がある。
- 当社のメイン顧客で強固な関係性のあるＡ社が業容拡大している。

【脅　威】
- 塗装の主要顧客であるＡ社製品が大型化している。
- 競合が大型装置に対応するようになっている。
- 板金業界は、縮小傾向。
- Ｂ社の業績が不安定であり、対Ｂ社取引の今後の見通しが立たない。
- 競合が最新設備導入で生産効率化するため、価格競争が激化するおそれがある。

◆注意点

　外部環境については、社長や専門家の主観のみに基づいた情報ではないかを確認し、できるだけ統計データなど客観的な根拠を示させるべきです。前ページの図のようなまとめの報告に加え、別紙で根拠資料を添付させるのがよいでしょう。また、当社事業にとっての機会および脅威を見極めることが目的ですから、マクロデータの統計のみならず、商圏内の顧客や近隣の競合動向分析が含まれていることが望ましいです。

④ セグメント別収益性分析

2012年度通期実績より　　　　　　　　　　　　　　　　　　　　単位：百万円

		板金		塗装		その他		合計		備考
		実績	売上比	実績	売上比	実績	売上比	実績	売上比	
売上		153.0		72.0		50.0		275.0		
	シェア	56%		26%		18%		100%		
原価		127.0	83%	36.0	50%	32.5	65%	195.5	71%	
	材料費	39.0	25%	9.0	13%	4.5	9%	52.5	19%	
	人件費	38.0	25%	24.0	33%	15.0	30%	77.0	28%	
	外注費	35.0	23%	2.0	3%	8.0	16%	45.0	16%	
	経費	15.0	10%	1.0	1%	5.0	10%	21.0	8%	
粗利		26.0	17%	36.0	50%	17.5	35%	79.5	29%	
ひとり当たり粗利		3.3		5.1		4.4		4.2		
本社経費		29.5	19%	25.8	36%	14.7	29%	70.0	25%	人員数を配賦基準とする
営業利益		−3.5	−2%	10.2	14%	2.8	6%	9.5	3%	
人員数		8		7		4		19		

現状と課題

【板金部門の収益力が弱い】
板金部門は、売上シェア56%と高いが粗利率は17%と最も低い。
本社経費を人員数で配賦した場合の営業利益はマイナスである。
要因は、材料費（売上比25%）及び外注費（売上比23%）が高止まりしていることである。
材料費については、過剰品質となっている製品を見直し、低減が可能である。
外注費については、内製化によるコスト削減可能性の検討の余地がある。

◆セグメント別収益性分析からわかること

【強　み】

- 塗装部門は利益率が高い

【弱み】

- 板金部門は利益率が低い。営業利益ベースでは赤字。
- 板金部門は、過剰品質により材料費が高止まりしている。
- 板金部門は、外注への依存度が高く、原価高止まり要因となっている。
- 塗装部門は、人件費のシェアが高い。

◆注意点

通常、事業調査後の計画策定フェーズでは、ここで分析した単位でセグメント計画をつくり、それを根拠として全社の計画策定をしていきます。したがって、この分析結果で発覚した強みや問題点が改善のターゲットとなることを意識して、確認していく必要があります。

> 前ページの図の例の場合、以下のような改善策がイメージできます。
>
> - 利益率が高い塗装部門は、コスト構造は現状のまま、新規獲得等で売上アップを目指す。
> - 板金部門は、過剰品質を解消して材料費を減らすことで利益率アップを目指す。

⑤ 業務フロー分析

■全体業務フロー

営業	→	受注	→	板金	→	塗装	→	他加工・組立	→	出荷
・納品時に営業 ・新規開拓も		・事務による指示書発行		・第1工場または第2工場		・第2工場または第1工場		・第3工場		・営業が担当

■各業務の詳細

業務名	責任者	内容	課題
営業	営業部長	・納品のための訪問時に情報収集を行い営業活動としている。受注につながるのは定期発注があるものか、モデルチェンジ品のみ。 ・新規開拓は、全社方針はなく、担当者任せで行っている。 ・主要既存顧客との関係性は営業部長が築いており、常に事前に情報共有してもらえるアドバンテージがある。	・試作品の提供などの積極的な提案は行っておらず、受け身の営業となっている。 ・営業は納品タイミングに依存するので、営業戦略やターゲットごとの目標も特になく、なりゆきの営業となっている。 ・新規開拓は各自で取り組んでいるが、大きな顧客になっていく確率は低い。
受注 (指示書発行)	事務 ●●	営業からの連絡を口頭で受け、指示書を発行している。急ぎの案件では、指示書なく現場に製造指示を先に流す場合もある。	・営業に確認なく指示書を流すため、指示間違いが発生している。 ・指示書なしに製造指示〜製造開始した場合に、製造間違いが起こるリスクあり。
製造	××	生産計画はなく、各部門内で、指示書を受けたもののうち納期が早いものから着手する。判断は担当者任せ。	・全工程を想定した生産計画を立てていないため、恒常的に納品遅れが発生している。 ・一部社員が給与体系が売上連動になっているため、「仕事を手放さない」「他メンバーの仕事を手伝わない」「単価の高い仕事をしたがる」傾向があり、全体として非効率になっている。
塗装	▲▲		
組立	■■		
出荷	営業部長	製造ができたものから、手の空いている担当者が実施。	ー

第 4 章　経営改善計画とSWOT分析

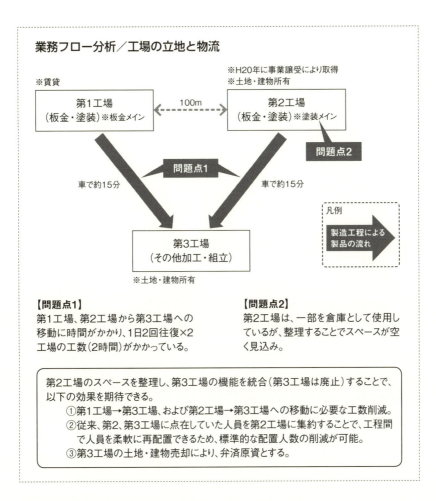

◆業務フロー分析からわかること

【強　み】

- 主要顧客（A社、B社、C社）との関係性は営業部長が築いており、常に事前に情報共有してもらえるなど、競合に対してアドバンテージとなっている。

【弱み】

- （営業面）目標もなく受け身の営業であり、売上アップにつながらない。
- （営業面）新規開拓先は規模が小さくスポットで終わってしまう。
- （生産面）指示書なしで製造するなど、ルールが曖昧な運用でミスにつながっている。
- （生産面）全工程を通した生産計画がなく、納期遅れにつながっている。
- （生産・人事面）売上連動給与により個人最適を志向する傾向があり、全体最適が削がれている。
- （工場・設備）第1工場・第2工場⇔第3工場が離れており、移動のためのムダな工数が発生している。
- （工場・設備）第2工場の一部は倉庫としてムダな使われ方をしている（整理すれば別の用途に使用できる）。

◆注意点

　業務フロー分析がカバーする内容は広く、業種によっても異なるため、報告内容は定型化しきれません。しかし1点だけ注意したいのは、些細な問題点にとらわれすぎず、会社の収益やキャッシュフローに影響を及ぼす重要なポイントを抽出できているかという点です。

　窮境企業の場合、売上アップやコスト削減など確実に数値として見える形で成果を上げていく必要があります。したがって、数ある問題点のなかでも、数値面での影響が軽微な事項であれば、重要度を下げて認識するのがよいでしょう。

⑥ 組織・人事、経営管理

＜組織＞

現状	課題
・3つの工場がほとんど独立して運営されており個別最適の状態にとどまっている。	・工場全体や営業との協調を視野にマネジメントできる体制を整える必要がある。

＜人材＞

現状	課題
・高い技術力を持つベテラン社員が複数おり、当社製品の高品質につながっている。 ・幹部社員は能力やロイヤルティの面で優秀で、後継者（常務）を支える次世代リーダーとなり得る。	・高い技術力を持つ社員の離職を防ぎ、若手社員に継承していく必要がある。 ・幹部社員を常務を支える経営メンバーとして育成し、承継後の経営体制基盤を確立していく必要がある。

＜評価・育成＞

現状	課題
・他社からの事業譲受の名残で、工場社員は給与体系が統一されていない。 具体的には、売上連動給与対象者とその他が混在しており、社員のモチベーションの阻害要因にもなっている。 ・人事評価（昇給・昇格）は社長の一存でされており評価軸が不明確なため、社員の不満が大きい。	・公平な機会を与える給与体系が必要。 ・社員にやる気を起こさせ自律的に成長を目指すための明確な評価基準が必要。

＜経営管理・会議体＞

現状	課題
・経営判断は社長がワンマンで行っている。 ・現状、常務は現場をフリーで動いて勉強しているだけで、経営的観点には関わっていない。 ・社長・常務間の会議はなく、意思疎通が不足している。 ・定例で実施する会議体は、不定期で行う幹部会議のみ。 ・計数および行動計画は作っておらず、毎月の収支や、会社の問題点・方向性を共有したり議論する場・風土がない。 ・従って、会社の全体最適を図るためのPDCAが回っておらず、成り行きの運営となっている。	・社長から常務への事業承継を進めるため、社長・常務の経営会議開催などによる常務の経営スキル育成が必要。 ・幹部社員を含めて収支や問題点・方向性を共有し議論する場を設定し、社員たちがPDCAを回す習慣づくりをする必要がある。

◆組織・人事、経営管理分析からわかること
【強　み】
- 高い技術力を持つベテラン社員が複数在籍している。
- 幹部社員は、マネジメント能力や会社へのロイヤルティの面で優秀で、承継後の常務を支える経営体制の一角となるポテンシャルがある。

【弱み】
- ３工場が独立運営のため、全体最適が図れていない。
- 給与体系の不統一や人事評価軸が不在のため、社員のモチベーションダウンにつながっている。
- 経営判断や全社方針づくりは社長に依存しており、後継者である常務は経営面に関与していない。
- 幹部社員との情報共有する仕組みや習慣がなく、幹部社員を全社方針に巻き込めていない。
- 全社レベルでの全体最適を図るためのPDCAサイクルがなく、成り行きの事業運営となっている。

◆注意点
　組織・人事や経営管理に関しては、少なくない問題点が見つかるものです。従業員ヒアリングをするとわかりますが、どんなに良い組織や人事制度があっても、必ず不満を持つ従業員がいるからです。しかし、それらがすべて弱みになるかはよく精査するべきです。例えば、従業員が「社長がワンマンで強引に物事を進めるので不満だ」と漏らした場合でも、会社全体としては社長の強いリーダーシップが強みとなっているケースもあります。
　組織・人事関連の調査結果から導かれる改善施策が、一部の従業員

の満足度を高めるだけといった部分最適に陥らず、全社としてよい効果を生む方向性となっているかに注意を払わなければなりません。

⑦ SWOT分析

以上からSWOT分析を行った結果は以下のとおりです。

	機会	脅威
外部	・塗装市場は伸びる一方、事業者は減っているため残存者利益を受けられる可能性がある。 ・当社のメイン顧客で強固な関係性のあるA社（塗装メイン）が業容拡大している。	・塗装の主要顧客であるA社製品が大型化している。 ・競合が大型装置に対応するようになっている。 ・板金業界は、縮小傾向。 ・B社の業績が不安定であり、対B社取引の今後の見通しが立たない。 ・競合が最新設備導入で生産効率化するため、価格競争が激化するおそれがある。
	強み	弱み
内部	・板金、塗装の一貫受注が強みとなって受注につながっている。 ・後継者が存在している。 ・塗装部門は利益率が高い。 ・主要顧客（A社、B社、C社）との関係性は営業部長が築いており、常に事前に情報共有してもらえるなど、競合に対してアドバンテージとなっている。 ・高い技術力を持つベテラン社員が複数在籍している。 ・幹部社員は、マネジメント能力や会社へのロイヤルティの面で優秀で、承継後の常務を支える経営体制の一角となるポテンシャルがある。	・社長直轄でフラットな組織になっており、社長への依存が大きい。 ・売上はA社、B社、C社に集中している。（A社、B社合計で55％、3社合計で65％） ・板金部門は利益率が低い。営業利益ベースでは赤字。 ・板金部門は、過剰品質により材料費が高止まりしている。 ・板金部門は、外注への依存度が高く、原価高止まり要因となっている。 ・塗装部門は、人件費のシェアが高い。 ・（営業面）目標もなく受け身の営業であり、売上アップにつながらない。

- （営業面）新規開拓先は規模が小さくスポットで終わってしまう。
- （生産面）指示書なしで製造するなど、ルールが曖昧な運用でミスにつながっている。
- （生産面）全工程を通した生産計画がなく、納期遅れにつながっている。
- （生産・人事面）売上連動給与により個人最適を志向する傾向があり、全体最適が削がれている。
- （工場・設備）第1工場・第2工場⇔第3工場が離れており、移動のためのムダな工数が発生している。
- （工場・設備）第2工場の一部は倉庫としてムダな使われ方をしている（整理すれば別の用途に使用できる）。
- 3工場が独立運営のため、全体最適が図れていない。
- 給与体系の不統一や人事評価軸が不在のため、社員のモチベーションダウンにつながっている。
- 経営判断や全社方針づくりは社長に依存しており、後継者である常務は経営面に関与していない。
- 幹部社員との情報共有する仕組みや習慣がなく、幹部社員を全社方針に巻き込めていない。
- 全社レベルでの全体最適を図るためのPDCAサイクルがなく、成り行きの事業運営となっている。

◆注意点

経営改善計画における事業調査の場合、窮境要因となる弱みや脅威

に重点的に注目することが多いため、SWOTの要素がその2象限に偏るのはやむを得ませんが、弱みや脅威の克服はあくまでマイナスをゼロにする守りの手段です。今後の事業でプラスを生み出し続けていくためには、強みや機会を活かした上での「事業が目指す姿」＝「本来の事業計画」を明らかにしておく必要があるため、やはり最低限でも強みや機会という要素を抽出するべきです。

「特に強みはない」と感じる企業のケースもあるかもしれませんが、どんな企業にも必ずあります。強みとは、そう特別なことではなく、当該企業が事業を継続できている理由であり、今後の事業を維持・拡大するヒントになるものです。例えば、「社長に昔ながらの顧客がついてくれている」ことや「家賃がかからないため固定費が他社とくらべて安い」といったことでよいのです。

ウ 事業デューデリジェンスから経営改善計画への落とし込み

経営改善計画では計数計画とともに、前述のSWOT分析の結果を活用して改善に向けたアクションプランを作成します。金融機関担当者が計画を評価する際のポイントは、「アクションプランがSWOTに基づいた内容になっているか」および「できるだけ定量的でモニタリング可能な目標値が設定されているか」です。その確認のためには、事業調査で導かれたSWOT分析から、まずは自身で改善の方向性を仮説としてイメージして見るとよいでしょう。

次の図は、前述のSWOT分析の結果から作成したアクションプランの例です。実際に、ご自身のイメージと比較し、過不足や疑問がないかという視点で見てみてください。

なお、アクションプランの一部である「組織変更」と「事業承継」については、具体的な案を例示しています。

＜アクションプラン一覧例＞

	取組課題		具体的な内容	実施時期	実施責任者	期待される効果 計画1期
1	重点顧客A社に対する販売増と、新規獲得による売上アップ	・A社新規事業（●●業界への参入）需要の取り込みによる売上大幅拡大を狙う。 ・■■業界への新規開拓を戦略的に実施し、次世代の新規主要顧客育成を図る。	①A社との提携強化に向けた交渉	H27.4～	営業部長	・A社売上＋20百万円（2期より本格稼働）
			②A社需要に応える大型装置対応設備の導入	H27.8	新・製造部長	・設備投資によるコスト増 ▲50百万円（7年リース）
			③新規開拓に向けた営業戦略立案～実施	H27.4～	営業部長	・新規売上＋10百万円/年
2	生産面の運用改善によるコスト削減	・指示間違いによる製造ミスや、納品遅れを招いている要因を除去し、コスト削減を図る。 ・板金の既存取引の過剰品質解消により材料費低減、粗利率アップを図る。	①指示書の確実な運用による製造ミス回避	H27.5～	第1工場長	・ミスによるロス率改善▲3％
			②生産計画の運用による納期内製造の実現	H27.6～	第2工場長	・納品遅れゼロ
			③過剰品質の取引先と交渉～品質の変更	H27.8～	社長・常務	・材料費▲2％
3	工場の統廃合による財務リストラとコスト削減	・第3工場を第2工場へ統合することで、コスト削減を図る。 ・第3工場売却により弁済原資を確保し借入金圧縮を図る。	①第2工場の倉庫整理	H27.7～8	第2工場長	・工場パート▲3名＝人件費▲45万円/月
			②第3工場機能の第2工場への移転	H27.9	第2工場長、旧第3工場長	
			③第3工場の土地建物売却	H27.10以降	社長	・50百万円の内入れ弁済
4	社員の離職防止やモチベーションアップに向けた人事制度の整備	不統一な給与体系や不明確な評価などを改定し、公正で頑張った人が報われる制度とする。	①職種・職位ごとの役割の整理と給与体系の改定	H27.10～	常務	・従業員の離職防止
			②職種・職位ごとの評価軸の設計～運用開始	H27.10～	常務	・従業員のスキルアップ
5	事業承継に向けた常務および幹部社員の育成	5年後の事業承継に向け、常務＋幹部社員による経営マネジメント体制の確立	①常務の製造部長登用	H27.5～	－	・常務のスキル・マネジメント力等のアップ
			②（①の後）常務の営業責任者登用	H29.4～	－	・幹部社員の意識向上、経営スキル獲得
			③社長・常務＋幹部による経営会議実施	H27.4～	常務	・経営判断の元となるPDCAサイクル構築

＜組織変更案の例＞

- 第3工場は第2工場に統合する形で廃止。
- 第1工場、第2工場をまとめる製造部を発足し、部長は常務が兼務するものとする。
- 幹部会議を発足し、社長・常務＋幹部たちによる現状把握～検証～改善策検討の場とする。

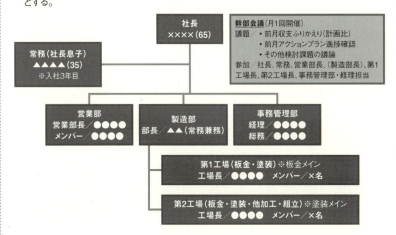

＜事業承継計画の例＞

		現在	計画1期	計画2期	計画3期	計画4期	計画5期
	売上	×	微増	増	増	横ばい	横ばい
	利益	×	△	○	○	◎	◎
	改善計画		・第3工場売却 ・人件費等削減 ・売上増	・A社および新規売上増 ・ミス削減によるコスト減	・A社および新規売上増	次期事業計画検討	
現社長	年齢	65歳	66歳	67歳	68歳	69歳	70歳
	役職	社長	社長	社長	会長	会長	相談役
	持ち株	80%	40%	0%			
後継者	年齢	35歳	36歳	37歳	38歳	39歳	40歳
	役職	常務	常務	専務	社長	社長	社長
	持ち株	20%	60%	100%			

第5章

事業調査報告とSWOT分析を盛り込んだ経営改善計画書

マネジメントパートナーズ（MPS）では、中小企業庁公開の経営改善計画書書式「サンプルA」を元に、事業調査報告やSWOT分析のページを追加した独自の書式（ここでは「サンプルS」と呼びます）を作成し、提携する会計事務所向けに提供しています。第4章4節「SWOT分析活用による経営改善計画策定」で取り上げた事例の報告内容も、元は本書式を使って作成されています。

　以下では、サンプルSの全ページを簡単な解説付きでご紹介します。

❶ MPS式経営改善計画書「サンプルS」ページ構成

0-1 はじめに	【4 事業調査】
【1 概要】	4-1 外部環境
1-1 概要 - 窮境要因	4-2 業務フロー
1-2 概要 - 改善の方向性	4-3 セグメント収支分析
【2 企業概要】	4-4 組織・人事
2-1 債務者概況表	4-5 経営管理
2-2 企業集団の状況	4-6 SWOT分析
2-3 ビジネスモデル俯瞰図	【5 経営改善計画】
2-4 組織図	5-1 全体像
【3 財務調査】	5-2 計数計画・具体的施策
3-1 財務3表分析	5-3 アクションプラン
3-2 実態貸借対照表	5-4 計数計画
3-3 借入金一覧	5-5 計数計画詳細
3-4 金融機関別　保全状況	5-6 経営責任の明確化
3-5 資金実績表	5-7 金融支援案
	5-8 モニタリング

第5章 事業調査報告とSWOT分析を盛り込んだ経営改善計画書

❷ サンプルSの概要および注意事項

表紙

計画書は、対象企業の社長名で提出します。

経営改善計画書

「中小企業の新たな事業活動の促進に関する法律」に基づく経営革新等支援機関
による経営改善計画策定支援

平成〇年〇月〇日

甲乙株式会社
代表取締役　A

はじめに

対象債権者に向けた社長の言葉として、現状に至った経緯や本計画の目的・骨子とともに、経営改善への決意を記します。

はじめに

　平素より、弊社に対しまして格別のご支援を賜り、御礼申し上げます。
　当社は、平成●年●月に●市に創業以来、順調に事業内容の拡大を図ってまいりました。平成●年頃には、●などの流行により、当社の扱う●が脚光を浴び、大幅な売上拡大を実現しました。
　しかし、●年頃からの急激な円安進行による輸入価格の高騰に端を発した収益悪化により、平成●年●月期には、営業赤字を計上し、資金繰りの悪化を招く事態となりました。こうした事情により、お取引金融機関様に借入金の返済猶予をお願いするに至りました。
　今後の売上・利益計画とともに、借入金の返済計画をご提示させていただき、お取引金融機関様にご理解とご協力を引き続きお願いするべく、本経営改善計画書（以下、「経営改善計画」）を策定いたしました。
　経営改善計画に記載しました通り、今後は当社の課題である「●」「●」「●」に取り組み、事業面および財務面の再構築を行い、会社の再建を図っていく所存です。
　お取引金融機関様におかれましては、何卒、ご理解いただき、ご支援いただきますようお願い申し上げます。

平成●年●月●日
株式会社　●
代表取締役社長　●●

149

1. 概要

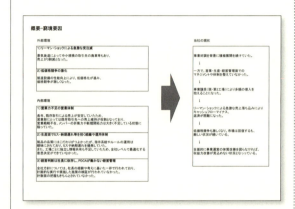

1-1. 概要（窮境要因）

計画の骨子を関係者間で明確に共有するため（※）、計画書冒頭ページにて窮境要因と改善の方向性（1-2参照）を概要としてまとめています。

※企業（経営者）、金融機関、税理士等専門家など

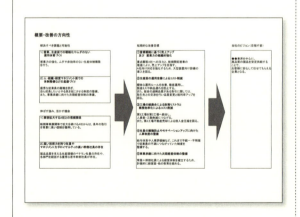

1-2. 概要（改善の方向性）

「解決すべき課題」と「伸ばす強み・活かす機会」から、「短期的な改善目標」そして「ビジョン（目指す姿）」につなげて整理します。

2. 企業概要

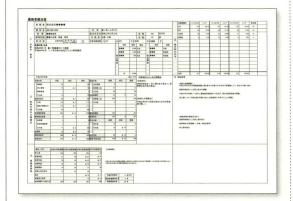

2-1. 債務者概況表

特に計数情報（財務内容（BS）、業績推移（PL）、銀行取引状況）については、後半の調査報告ページの内容と齟齬がないように注意します。

※金融機関内部の決裁者が計画書を参照する際に記載ミス等があると、計画書全体に疑義を抱かせてしまう可能性があります。

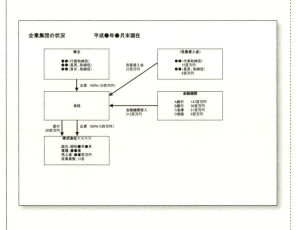

2-2. 企業集団の状況

出資や借入の関係性を、金額とともに示します。

2-3. ビジネスモデル俯瞰図

主要得意先、仕入先、外注先の概要と取引規模（金額やシェア）がわかるように示します。また、複数の事業や工場がある場合は、その規模や関係性を示します。

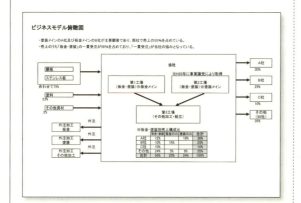

2-4. 組織図

組織には課題が隠れており、また組織再編という形で改善施策に直結するため、現状の組織図を明らかにすることは非常に重要です。

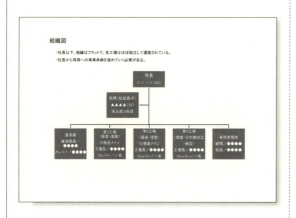

第5章 事業調査報告とSWOT分析を盛り込んだ経営改善計画書

3. 財務調査

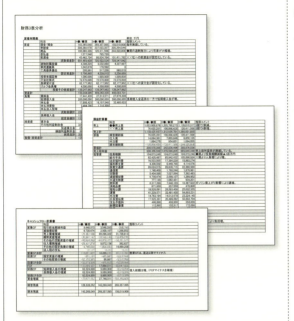

3-1. 財務3表分析

3期以上の財務3表から見える問題点を洗い出します。推移の中で大きな動きがある科目や、特にシェアが大きな科目については、その内容や要因を明らかにします。

※指摘事項は、各科目右側のコメント欄に簡潔に記載します。

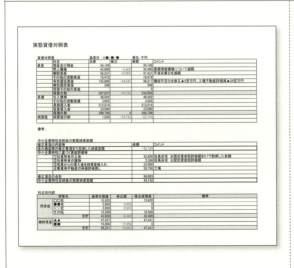

3-2. 実態貸借対照表

修正する科目や基準は、適宜メインバンク等と相談しながら作成します。

※修正内容は、各科目右側のコメント欄に簡潔に記載します。

153

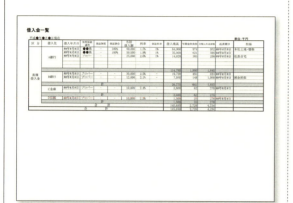

3-3. 借入金一覧

金融支援依頼の前提情報であり、金融機関側も詳しく参照するため、借入1本1本について正確に記載していきます。
なお、金利についても金融支援の対象となることがあるため、必ず利率を記載します。

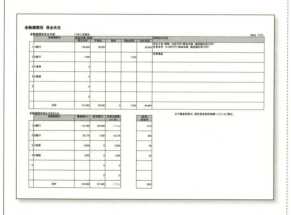

3-4. 金融機関別保全状況

不動産担保明細（担保不動産ごとに、抵当権者や順位などを記した明細）等は、必要に応じて別途添付します。

3-5. 資金実績表

資金繰り表でも代用可。

資金実績表　　・返済猶予が行われなかった場合、9月末で資金ショートとなる可能性が高い。

1. ××-1（前期実績）　　単位：千円

平成××年度	前年繰越	4月	5月	6月	7月	8月	9月	10月	11月	12月	1月	2月	3月	計
売上高		30,624	33,857	37,774	38,480	27,784	34,538	29,421	27,446	21,744	17,260	12,250	11,066	322,244
借入					46,425	115,385				38,462			20,765	221,037
返済		20,430	4,658	4,832	3,946	18,402	4,732	3,952	3,450	5,512	19,108	4,740	4,601	98,363
借入金残高	238,361	217,931	213,273	208,541	251,020	348,003	343,272	33,920	335,870	368,820	349,713	344,973	361,137	3,376,473
現預金残高	81,514	62,382	54,869	47,267	90,560	68,828	68,170	65,243	67,262	100,515	75,853	33,646	39,261	773,856

2. ××（今期実績・見通し）

平成××年度	前年繰越	4月 実績	5月 実績	6月 実績	7月 実績	8月 実績	9月 実績	10月 見通し	11月 見通し	12月 見通し	1月 見通し	2月 見通し	3月 見通し	計
売上高		8,147	8,888	11,613	13,746	11,449	8,996	11,679	12,263	12,876	13,520	12,100	11,060	136,337
借入		38,295												38,295
返済		38,781	7,528	7,520	6,154	6,538	7,692	5,385	6,308	6,538	6,077	6,077	6,077	110,675
借入金残高	361,137	360,651	353,123	345,603	339,449	332,911	325,219	319,834	313,526	306,988	300,911	294,834	288,757	-
現預金残高	39,261	23,129	21,834	16,847	3,322	1,877	-387	-1,017	-6,759	-11,840	-16,154	-21,154	-28,154	-

4. 事業調査

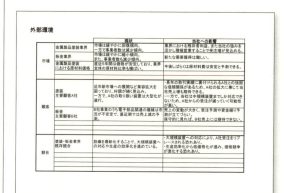

4-1. 外部環境

市場、顧客、競合の状況を、当社への影響を考慮しながらまとめます。

※客観性を高めるため、必要に応じて参考となる統計データなどを別途添付します。

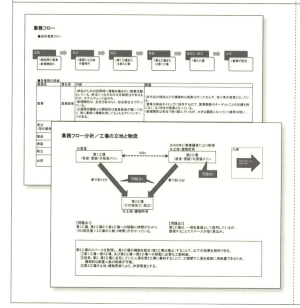

4-2. 業務フロー

業務の流れや各業務における問題点を指摘します。内容に応じて、自由記述で作成します。

4-3. セグメント収支分析

事業別、商品別、顧客カテゴリ別など主要な分類ごとに収支分析し、強みや問題点となる領域を明らかにします。

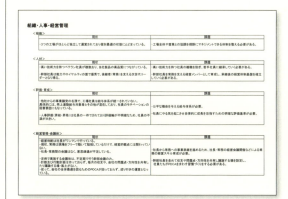

4-4. 組織・人事
4-5. 経営管理

以下の視点で現状と問題点を明らかにしていきます。
【組織】
会議体、指示系統・マネジメントなど
【人事（人材）】
給与・賞与、離職率、評価、育成など
【経営管理】
経営判断、計数管理、会議体、事業承継など

4-6. SWOT分析

前頁までの調査で判明した内容をSWOTの視点でまとめ、「伸ばすところ」「改善するところ」という改善の方向性につなげていきます。

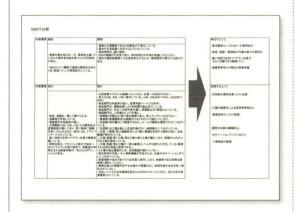

5. 経営改善計画

5-1. 経営改善計画全体像

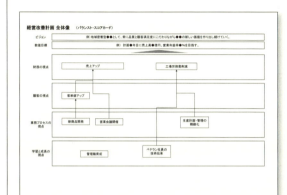

経営改善計画で取り組む施策を、バランスト・スコアカード（※）による戦略マップに落とし込んで整理していきます。
このマップを活用することで、環境が変化した場合にも目的を見誤らずに戦略の見直しができます。

※バランスト・スコアカード（BSC）とは
　ビジョンや戦略を4つの視点から具体的なアクションプランに落とし込む手法で、経営戦略立案・業績評価するフレームのことです。通常は「財務」「顧客」「業務プロセス」「学習と成長」という4つの視点を用い、因果関係で結びます。

※BSC活用による戦略立案
　サンプルSでは、BSCを戦略立案の補助ツールとして活用しています。「改善施策のアイデア」と、それによる結果である「定量・定性目標」をつなげ、「目指す姿（ビジョン）」も含めて戦略・戦術のバランスや整合性を確認していくのです。
　具体的には、改善施策を「業務プロセスの視点」または「学習の成長の視点」に置き、数値目標を「財務の視点」、市場・顧客に対する目標を「顧客の視点」に置いて結びつけることで、施策が目標達成の手段となっているか、目標が偏っていないか、ビジョンに沿った目標となっているかなどをチェックしていきます。

5-2. 計数計画・具体的施策

計数計画とアクションプランの概要を示します。

※アクションプランの詳細は 5-3 に記載します。

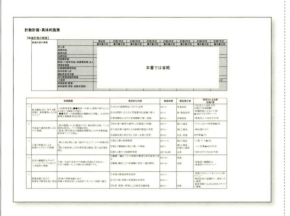

5-3. アクションプラン

各施策の行動計画を、年次ごとに定量的または定性的行動目標に落とし込んでいきます。モニタリングでは、この計画に沿って達成・実施できているかを見ていきます。

5-4. 計数計画
5-5. 計数計画詳細

計画期におけるB/S、P/L、C/Fの見立てと金融機関ごとの返済、また債務超過解消年数等を計数計画として落とし込みます。

※会計ソフト等の書式で作成してもかまいません。

5-6. 経営責任の明確化

通常、役員報酬減額（既に低水準の場合は「維持」）や、役員借入金の返済劣後化などが行われることが多いですが、実情に応じて社長やメインバンクと相談しながら決定していきます。

5-7. 金融支援の依頼について

依頼する金融支援内容を、金融機関ごとに明確にわかるように記載します。

5-8. モニタリング

モニタリング方針をまとめます。報告サイクルや内容等については、メインバンクなどと相談して決定します。

第6章
SWOT分析の実例

本章では、実際に経営改善計画策定に取り組んだ企業をモデルにした実例を見ていきます。特に、どのような事業デューデリジェンスを行い、SWOT分析に落としこむか、経営改善施策や戦略策定に活用していくかといったポイントをご紹介していくものです。

　※　本書では事業面に着目した「SWOT」をテーマとしているため、財務デューデリジェンスについては割愛しています。

社内の技術力強化で「施工サービスによる付加価値向上」を目指す建材卸売業

❶ 企業概要

会　社　名：株式会社Ｔ建材
事業内容：建設材料・住宅設備の卸売および付随する施工
従業員数：30名
売　上　高：12億円

〈ビジネスモデル・業況〉

　当社は、古くは江戸時代の木材の卸売を起源とする長い業暦を持つ会社で、法人化後は取扱い商材を増やし、現在では大手建設材料メーカーの商材や住宅設備を中心とした卸売事業を主業務としています。得意先は、建材販売店、工務店、また住宅会社やゼネコン等です。

　高度成長期には地域で圧倒的シェアを占めるまでに順調に伸びてきましたが、バブル崩壊に伴う建設市場の縮小で売上が激減しました。拡大期は売上を伸ばすことで利益をあげてきた当社でしたが、売上減とともに組織のリストラを進める縮小均衡の状況が続き、ついには2

期連続経常赤字に陥っていました。

❷ 事業デューデリジェンスの結果とSWOT分析

(1) 当社の置かれた現状

　近年、売上が落ち込んできているとはいえ、当社は地域では未だに上位に置かれる規模を有しており、仕入先メーカーとの関係も強固で、強い仕入れ力が強みとなっていました。そのため、取引金融機関からも継続して支援をいただきながら経営改善を図ることとなりました。

　卸売業の特性上、成り行きではジリ貧となることが必至であり、早急に窮境要因を特定し業績悪化に歯止めをかけることと、中長期的な成長につなげる戦略立案が必要であることから、綿密な調査と経営改善計画の策定が求められていました。以下は、事業デューデリジェンスの内容と結果です。

(2) 窮境要因～売上逓減、赤字に陥らせている要因は何か？
① 売上逓減の要因

　売上減の大きな要因は外部環境の向かい風でした。建材の純粋な「販売」は、数量、単価ともに下がっていました。一般的な卸売業の例にもれず、当社も付加価値の低い卸売業の厳しさに直面していたと言えます。流通ルートが多様化し（「この店でしか買えない」ということがない）買い手が自在に情報収集できる現在では、業者間での差別化要素がなくなり価格競争に陥るほかないこと、その場合に規模が大きく仕入れ単価が下げられる大手業者に有利に働く環境になっているのです。

　また、一部メーカー直販ルートも競合するようになり、ますます価

格競争が激化していました。既存得意先が廃業や合併等により減少していることもありました。ただし、当社と同規模または小規模の同業他社も同じく厳しい状況であり、廃業に追い込まれるケースもあるなか、残存者利益を狙える可能性もあると思われました。

　また、営業面でのマネジメント力不足が売上伸び悩みの一要因となっている面もありました。具体的には、一人ひとりの営業目標達成意欲が低く、マネジメント機能としての営業会議も機能していませんでしたし、そのため毎月営業目標未達成のメンバーがほとんどだったのです。この点については、現場の改善点として必ず着手する必要があると考えられました。

　一方で、資材とともに施工・設置等の工事を伴う案件は売上を微増させていました。折からの公共工事増に加え、景気回復の波による民間の建設増、またそれに伴う職人不足から、施工までを一貫して請け負う卸売業者が重宝されていました。また、当社が施工までを行う住宅リフォーム商品がヒットしており、今後も拡大が見込まれています。こうした工事を伴う案件は、当社では外部の職人を手配し請け負っていたため、繁忙期になると職人の調達が難しいという課題はありましたが、今後の伸びが期待できる分野であることがわかりました。

② **赤字の要因**

　以前は、売上減に応じて組織リストラ等をすることで固定費削減を図り利益を確保してきましたが、ここ最近では粗利率の低下により損益分岐点を割り込む状況になっていました。粗利率低下の要因を調べていくと、相対的に増加している「施工を伴う工事案件」の粗利率が低いためであると判明しました。卸売の粗利率は23〜24％でしたが、工事案件は平均16％と圧倒的に低かったのです。卸売よりも付加価値が高いと思われる工事案件の方が低いのはなぜでしょうか。

工事案件ごとの個別収支を調査すると、粗利率が非常に高い物件（約30％）と低い物件（10％超）に大きな差がありました。そして、どの物件も実行予算（予定原価）時点の予定粗利率は15〜16％程度と変わりがないのにもかかわらず、実績では差が出ているのです。

　この要因を調べるために、粗利率が悪い物件をサンプリングし、ヒアリング等で経緯を追ってみると、見積もり方法や現場管理方法に起因していることがわかりました。例えば、当初の見積もり根拠となる設計図の読み取り間違いをしていたために、見積もり＝実行予算自体が誤っていたケースや、現場管理のなかで「発注間違い等で材料費が重複してかかってしまった」「手配ミスで職人の工数が倍増してしまった」といった原因によるものだったのです。背景には、施工を伴う物件を取り扱うようになって年数が浅くノウハウが不足していること、またミス防止のフローがないことや、ミスが起きても改善をしないといった認識の甘さがありましたが、担当者によってはスムースに管理できているケースもあることから、そのやり方を組織的に展開すれば改善の余地は大いにあるはずでした。

(3)　強み〜メーカー協力営業のアドバンテージ、工事部門のポテンシャル

「なぜ、お客様は当社を選んでくれるのでしょうか？」このような質問をすると、「当社の強みは何か？」のヒントが出てくることがあります。当社の場合、答えの１つは「（仕入れ先である）メーカーとの協力関係」でした。当社の仕入れ先である建材メーカーをＺ社とすると、Ｚ社は競合メーカーＹ社、Ｘ社と業界でシェア争いをしていますから、系列の問屋（当社）に対しては営業同行や提案の面で受注獲得に協力してくれるのです。

　例えば、競合Ｙ社の建材を使った建築物を考えている建設会社や住

宅メーカーに「Z社の建材を使えば、このくらいの金額でこんな機能のものが作れますよ」と設計プラン提案までをサポートしてくれたり、戦略顧客相手の場合には仕入れ金額面での協力を得られることもありました。これが、当社の営業面での提案力に大きなアドバンテージになっていました。

また、「特定の成功事例を深掘りしてみる」ことで強みに行き着く場合もあります。当社では、主要顧客であるU社のリフォーム物件は高い粗利率を出していることがわかりました。ヒアリングなどからわかったのは、U社の物件は社内の技術部で施工を手がけており、その分外注の職人を使わないで済んでいるということでした（社内労務費は原価に計上していませんでした）。

技術部はたった2名の小さな部署で、元々は社内の倉庫で出荷する建材のカットや組立てといった簡単な作業を担う組織だったのですが、最近、大変高い施工技術を持つ人材が入社しリーダーとなりました。同時に、昨今、倉庫内での作業が少なくなる一方で、現場で施工を担うケースが増えてきており、徐々にU社のリフォーム物件を当たり前のように担うようになったのです。

現状は、U社物件以外は売上と直結しない社内作業のみを行っている技術部でしたが、受注物件の施工の多くを内製化できれば、全体として粗利率をアップすることができると考えられました。また、社内リソースで小回りのきく施工ができれば、これまでは売上化できていなかった施工を受注することができたり、仕入先メーカーからも重宝されて営業協力関係をさらに強くできる効果もありそうということがわかったのでした。

(4) SWOTによるまとめ

以上の調査結果をSWOTにまとめると次のようになります。

		機会	脅威
外部		・リフォーム需要増 ・メーカーのシェア拡大戦略における卸売業者活用の重要性 ・施工技術を持つ卸売業者に対するメーカーからのニーズの高まり	・住宅新築需要減 ・卸売分野での価格競争激化 ・施工業者買収等による近隣競合企業の拡大
		強み	弱み
内部		・営業協力を得られるメーカーとの協調関係 ・高い施工技術を持つ社員が在籍	・見積もり、現場管理の組織的ノウハウ不足 ・ミス防止のチェックフローや改善の仕組みがないため、ミスが多発しておりコスト増に直結している ・営業面でのマネジメント不足

＜クロスSWOT分析による戦略立案＞

	機会 ・メーカーのシェア拡大戦略における卸売業者活用の重要性 ・施工技術を持つ卸売業者に対するメーカーからのニーズの高まり	脅威 ・卸売分野での価格競争激化 ・施工業者買収等による近隣競合企業の拡大
強み ・営業協力を得られるメーカーとの協調関係 ・高い施工技術を持つ社員が在籍	【経営改善に向けたコンセプト】 技術部の技術向上・機能強化により施工ニーズの内製化を図る。具体的には以下の効果を狙う。 ①外注費削減による粗利率向上 ②これまで取り込めていなかった施工案件の取り込みによる売上アップ ③顧客、メーカーからの信頼獲得による営業面での好循環創出	
弱み ・見積もり、現場管理の組織的ノウハウ不足 ・ミス防止のチェックフローや改善の仕組みがないため、ミスが多発しておりコスト増に直結している ・営業面でのマネジメント不足	以下の組織および管理体制の改革により、施工機能強化、営業力強化、ミス（＝コスト）低減を図る。 ①技術部の増員および教育体制の整備 ②見積もりおよび現場管理スキルアップによる粗利率向上 ③優秀な営業メンバーの部長起用と階層化した営業組織づくり ④目標達成を促進する営業会議・マネジメント方式の改善 ⑤ミス防止フローや、ふりかえり〜改善の仕組みづくり	

❸ 経営改善計画におけるアクションプランの骨子

　前述のSWOT分析から導いた当社の経営改善方針とアクションプランは以下のとおりです。

＜経営改善の方向性〜成長に向けた戦略＞

> 技術力によるきめ細やかな施工サービスで付加価値を高め、収益力向上を図る

- ▶これまでどおりメーカーと協業しながら専門的な商品とその提案の供給に努める。
- ▶ただし、商品力・提案に加え、技術部に高い技術力を備え、どこよりもきめ細やかに施工サービスを提供していく。
- ▶上記サービスにより、顧客に対する競合優位性を築く。
- ▶また、メーカーからは「より一層協業を強めていきたい」と言われるポジションを築く。

当社の場合、機会を活かし脅威をカバーできる強みである、「社内の高い施工技術」をさらに伸ばすことが経営戦略のポイントとなりました。これにより、外注費削減や売上アップという短期的な効果に加え、顧客からもメーカーからも選ばれる商社としてのポジションを確立していくことを中長期的なビジョンとして設定しました。

さらにこの戦略に従い、アクションプラン（行動計画）まで落とし込んでいきました。まずは足元の改善施策として弱みをカバーする組織・人材・管理体制づくりを行い、今後5年間で徐々に成果につなげていこうと、また業界でのポジションづくりをしていくものとして取り組むこととしました。

❹ アクションプラン実行の成果

T建材では現在、計画1年目としてアクションプランを実行中です。販管費削減については皆で知恵を出してすぐに想定以上の削減ができ、まず0期は、計画を若干上回る程度の黒字で着地しました。

技術部の技術力アップという課題（後掲アクションプラン一覧の1）

については、メンバーごとに「●月までに〜ができるようになる」といったスキル習得目標を立てて取り組むことで、ゆっくりですが着実に社内でできることが増えています。技術部が手がけた施工について金額換算でカウントしていますが、現状では4名体制で施工売上として月間100万円程度の仕事ができている状態であり、労務費だけをコストとして収益を見た場合に若干赤字というレベルです。

その他の課題（後掲アクションプラン一覧の2〜6）については従来の業務のやり方を変えるものですが、当初は、「新しいルールを決め」「皆に理解させ」「徹底させる」のに大変苦労をしました。「ミス履歴シートに各自が記入する」といったこと一つでも、だれが、いつ、どのように記入するのか、どれだけ重要なことなのかを何回も説明し、段々とできるようになっています。また、あまりに進捗が悪いため、施策を推進するリーダーを変更したところ急にスムースに進み始めたということもあり、人員配置も大変重要なファクターであることがよくわかりました。

粗利率アップについては、計画1期の途中から成果が見え始めました。月次の会議で、部門の粗利率や個人・物件ごとの粗利率をモニタリングし、どうしてうまくいったか、次はどうするかといったことを会話する中で改善していきました。特に、営業1人ひとりが「モニタリングされている」と緊張感を持って取り組むようになっただけでも効果があったのだと思われます。

計画1期は、計画を大きく上ブレさせて着地させることを目指しています。

第6章 SWOT分析の実例

❺ T建材の経営改善計画書(抜粋)

<債務者概況表>

① 対象先・概要

事業者	株式会社T建材							
連絡先	000-000-0000		住所	●×県×△市○○				
業種	建材卸売業		設立年月日	昭和○年○月○日		年商	1,200	百万円
(事業内容)	建設材料・住宅設備の卸売及び施工		代表者	●山×男		年齢	58	歳
資本金	20百万円	従業員数(うちパート人員数)	30名(2名)	主要金融機関	① A銀行 ② B銀行 ③ C信金 ④ ⑤			

事業内容・沿革
- 1928年　株式会社T建材設立
- 1960年　●●支店及び○○支店を出店
- 1965年　大手建材メーカー__社と代理店契約
- 1966年　準大手建材メーカー△△社と代理店契約
- 1980年　本社移転
- 2006年　○○支店閉鎖
- 2012年　本社移転

株主構成

名前	株数	関係
●●	500	社長
××	100	長男
△△	100	長女
○○	100	長女夫
計	800	

役員構成

名前	役職
●●	代表取締役
××	取締役
△△	取締役
○○	取締役

② 財務内容及び問題点

平成26年12月期　　　　　　　　　　　　　　単位:千円

資産の部	決算	修正	実質	負債の部	決算	修正	実質
現預金	44,788		44,788	支払債務	150,988		150,988
売上債権	165,705	▲1,599	164,106	短期借入金	10,000		10,000
棚卸資産	87,600		87,600	その他	48,430		48,430
その他	15,280		15,280	流動負債計	209,418	0	209,418
流動資産計	313,373	▲1,599	311,774	長期借入金	215,880		215,880
土地	57,800		57,800	その他	7,900		7,900
建物(附属含む)	18,700		18,700				0
その他	3,350		3,350				
有形固定資産	79,850	0	79,850	固定負債計	223,780	0	223,780
無形固定資産	5,433	▲2,900	2,533	負債合計	433,198	0	433,198
会員権	3,000	▲2,900	100	資本の部	決算	修正	実質
投資有価証券	600		600	資本金	20,000		20,000
その他	1,833		1,833	その他	▲49,109	▲7,399	▲56,508
投資等	5,433	▲2,900	2,533				0
固定資産計	90,716	▲5,800	84,916	自己資本	▲29,109	▲7,399	▲36,508
資産合計	404,089	▲7,399	396,690	負債・資本合計	404,089	▲7,399	396,690

主要項目コメント及び問題点

【資産査定】
売掛金(長期滞留債権)
　　　　　　▲1,599
会員権(ゴルフ場　減額)
　　　　　　▲3

※以下は事業用不動産につき反映しない
土地(本社　含み損)
　　　　　　▲3,901
建物(本社　含み損)
　　　　　　▲120

【財務上の問題点】
売掛金回収管理が甘く、資金繰り予測ができないことから、急な月中つなぎ融資が必要となることがある。

173

③ 業績推移等

(単位:千円)	24年12月期(実績)	25年12月期(実績)	26年12月期(実績)	27年12月期(見込)
売上高	1,578,801	1,397,110	1,309,180	1,327,180
営業利益	36,312	6,706	2,226	12,210
経常利益	29,102	▲184	▲3,984	6,198
当期利益	26,402	▲444	▲4,354	3,389
減価償却	1,931	1,442	1,290	860
決算上自己資本	▲24,311	▲24,755	▲29,109	▲25,720
修正			▲7,399	▲7,399
実質自己資本			▲56,508	▲33,119
金融機関からの借入金	275,880	250,880	225,880	200,880

【分析結果】
※社長所有不動産を考慮した、中小企業特性考慮後の実質自己資本は、▲26,810千円である。
※H26年12月期は当期利益マイナスのため、債務超過解消年数は算出不能。
H24年以降急激に売上が縮小。
固定費削減が追い付かず、H26年12月期までの2期連続経常赤字となった。
H27年12月期は、人員削減による人件費減やフロア縮小による家賃減額など経費削減施策により若干の回復見込み。

H26年12月期実績ではキャッシュフローがマイナスのため、収益返済原資は確保できない。
H27年12月期見込みの場合の返済原資は7百万円、債務償還年数28年であり、未だ収益力不足と言える。

※平成27年12月期見込みより

収益弁済原資	7,058千円
債務超過解消年数	8年
債務償還年数	28年

※中小企業特性考慮後
(債務超過▲26,810)

単位:千円

④ 銀行取引状況

金融機関名	24年12月期(実績)	シェア	25年12月期(実績)	シェア	26年12月期(実績)	シェア	保全額
A銀行	210,020	76.1%	194,260	77.4%	178,500	79.0%	145,000
B銀行	39,704	14.4%	34,304	13.7%	28,904	12.8%	24000
C信金	26,156	9.5%	22,316	8.9%	18,476	8.2%	18476
合計	275,880	100.0%	250,880	100.0%	225,880	100.0%	187,476

⑤ 特記事項

<現状と認識課題>
・施工物件で社内の技術部をさらに活用することにより、外注費削減、売上増の可能性あり。
・施工物件では、見積りや現場管理にミスや不手際が多く、コスト増につながっている。
・営業目標達成に向けた営業部門のマネジメントができていない。
・ミスが頻発しており、間接的にコスト増につながっている(値引き、原価の重複、顧客離反など)。
・販管費は削減余地あり。

<経営改善計画策定方針>
・技術力アップにより施工の内製化、及び受注物件増
・見積り、現場管理をスムーズに行える体制づくりによる粗利率アップ
・人員や組織見直し、及び営業会議テコ入れによるによる営業体制強化
・ミス削減による売上確保、コスト削減
・販管費削減

第 6 章　SWOT分析の実例

<計数計画・具体的施策>

【数値計画の概要】

数値計画の概要		直近期 ●年●月期	計画0年目 ●年●月期	計画1年目 ●年●月期	計画2年目 ●年●月期	計画3年目 ●年●月期	計画4年目 ●年●月期	計画5年目 ●年●月期
	売上高							
	営業利益							
	経常利益							
	当期利益							
	減価償却費							
	簡易CF（経常利益＋減価償却費 - 法人税等）							
	現預金残高							
	金融機関債務残高							
	資本性借入金							
	運転資金相当額							
	差引要償還債務残高							
	CF倍率							
	純資産額（帳簿）							
	純資産額（実態：金融支援後）							

（省略）

【経営改善計画に関する具体的施策内容及び実施時期】

	大項目	取組み課題	実施時期	具体的な内容
1	技術部の技術力アップ	技術部メンバー増員や教育により、「施工技術を持つ会社」として営業できるようにする。これにより、外注費削減や売上アップにつなげる。	計画0年目6月～	・技術部メンバー増員、教育プログラム実施 ・上記による外注費削減 ・長期的には、上記により売上増
2	見積り・現場管理スキルアップ	業務フローや帳票類の見直しにより、ミスなくスムーズに運用できる体制をつくる。これにより、施工物件の粗利率アップを目指す。	計画0年目8月～	・見積り担当者の業務見直し ・現場管理業務の定型化、帳票類の整理 ・上記による粗利率アップ
3	営業マネジメントのテコ入れ	営業部門のリーダー、メンバーの入れ替え含み組織改編と、営業会議の運用改善により、「目標達成する営業組織」を目指す。	計画0年目7月～	・新部長登用 ・組織改編 ・営業会議の運用改善
4	ミス件数削減	現状でミスが多発する業務の改善、またミスの履歴管理・振り返りフロー整備による今後のミス削減を図る。	計画0期中	・ミス発生業務の特定と防止フローの検討 ・ミスの履歴管理～ふりかえりのサイクル実施
5	販管費削減	不要不急のコスト洗い出し、組織見直しによる人員削減などの、固定費である販管費削減を目指す。	計画0期中	・契約見直しによるシステム費用削減 ・引っ越しによる家賃減 ・組織見直しによる人件費削減（パートなど）

<アクションプラン一覧>

単位：百万円

	直近期	計画1年目	計画2年目
売上	1,200	1,250	1,300
売上総利益	240	256	273
売上総利益率	20.0%	20.5%	21.0%
営業利益	6	13	20

	経営改善計画の具体的な内容	実施時期	各年度の定量目標または定性目標		
			計画0年目	計画1年目	計画2年目
1	技術部の増員とリーダーの技術伝承プログラムの実施	計画0期 6月〜	・社内異動による技術部増員 ・プログラムの設計〜実施（ステップ①）	・外注費削減 ▲10百万円 ・プログラムの実施（ステップ②）	・外注費削減▲20百万円 ・プログラムの実施（ステップ③）
2	見積もり及び現場管理スキルアップと粗利率アップ	計画0期 8月〜	・見積もり担当者の業務分掌 ・見積もりフローの見直し ・現場管理フロー・帳票等の整理	・施工関連粗利率+2%（施策1と併せて）	・施工関連粗利率+4%（施策1と併せて）
3	新部長登用及び営業部組織改編によるマネジメント強化と、売上・粗利率アップ	計画0期 10月〜	・10月 部長登用 新組織発足	・施工案件の売上 +10百万円 ※保守的見地から、その他売上増は計画数値には読み込まない	・施工案件の売上 +10百万円 ※保守的見地から、その他売上増は計画数値には読み込まない
4	営業目標達成に向けた営業会議運用方法の改善	計画0期 7月〜	・共有シートの改変 ・営業会議運営方法の設計〜運用開始	・全メンバーの目標達成率90%以上	
5	ミス防止のための業務フロー見直し	計画0期 7月〜	・ミス発生業務の洗い出し ・ミス防止フローの設計〜運用開始	・ミス件数 前期比半減	
6	ミスの履歴管理とふりかえり〜改善の流れづくり	計画0期	・履歴管理方法の設計〜運用開始 ・ふりかえり会議の設計〜運用開始	同上	
7	販管費削減	計画0期	・システム費用削減▲3百万円 ・引っ越しによる家賃減▲5百万円 ・人件費▲1百万円 ・役員報酬減額▲1百万円	・システム費用削減▲2百万円（前期比） ・家賃減▲1百万円（前期比） ・人件費▲0.5百万円 ・役員報酬減額▲0.2百万円（前期比）	

事例2 創業当時の思いに立ち返り経営基盤の再構築を行った小売業

❶ 企業概要

会 社 名：株式会社O商事
事業内容：婦人服の企画・製造および卸売・小売業
従業員数：35名
売 上 高：5億円
店 舗 数：5店舗

〈ビジネスモデル・業況〉

　婦人服の企画・製造・卸から創業した当社でしたが、「最終ユーザーであるお客様の声を聞いて直接商品を届けたい」という社長の強い思いからオリジナルブランドを含めたセレクトショップの出店を図りました。その後、当社の商品コンセプトとマッチした「ゆるふわ系」ファッションが流行したことがきっかけでセレクトショップが軌道に乗り始め、以来事業を拡大してきました。当時は商業施設から出店の引き合いも受け、急激に店舗拡大を進めてきたのです。

　ところが、トレンドに乗った好調を背景に、社内に店舗運営のノウハウが十分に蓄積されないまま拡大を急いだため、結果として大半は不採算店舗化し、また同質の商品を扱う競合店台頭の影響も受け、あっという間に減収減益に陥ってしまいました。

　事業拡大とともに、アクセサリーの取扱いや中国への製造委託、海外仕入先開発にも積極的に着手しましたが、社内での管理体制が追い付かず、経常赤字や資金繰り悪化を招く結果となりました。

❷ 事業デューデリジェンスの結果とSWOT分析

(1) 外部環境分析結果

　当社の業界の場合、流行を把握していち早く商品として取り入れることが重要ですが、短いリードタイムで流行商品を開発・生産する、もしくは海外などから調達することは、相当綿密に設計された体制を整えないと難しいのが実情です。

　一方で、参入障壁が低いため同質の商品を扱う同規模企業がひしめいており、昨今では従来の同業だけでなく書店、文房具店、その他企業が類似コンセプトで、雑貨・服飾店として参入してきています。ブランド力のない企業の場合、価格競争は避けられない厳しい状況ですし、また、デザイン性・価格など差別化を図りにくいという難しさもあります。

(2) 内部環境分析結果

① ビジネスモデル

　当社は、直営5店舗による小売の他に卸売部門も存在し、他社小売店に自社開発商品を販売しています。また、企画・開発部門と製造管理部門があります。

　商品開発はシーズンごとに年4回、業績悪化後は売上アップを狙ってプラス2回の年6回行っていました。新商品は、試作品が出来次第、展示会やカタログ作成を行って卸売につなげるとともに、直営店舗にも納入するという流れになっています。なお、直営店舗には、自社開発商品だけでなく海外からの仕入れ商品も陳列しています。

　当社の強みは、社長の目利き力によるユニークな商品開発や調達による商品力であり、既存の卸売先からの高い評価のみならず、新規の大手から「取引したい」と声掛けを受けることもよくありました。ま

た、当社のデザインコンセプトは常に一定の女性ファンを見込めるもので、安定的に市場ニーズがあることも有利な要件となっていました。

② 店舗別収益状況

下記表のとおり、不採算店舗があることが判明しました。各店舗の運営は店長にほぼ任せられており、全体を統括して管理できていないことで、収益力も大きくバラついているのが実情でした。また、事業拡大とともにふくらんだ本社固定費も高止まりしており、現状の売上規模、利益率では黒字化が難しい状況でした。

単位：千円

	A店	B店	C店	D店	E店	卸売	合計	本社	全社
売上高	80,000	40,000	60,000	50,000	70,000	200,000	500,000		500,000
粗利益	48,000	23,000	35,000	26,000	24,000	80,000	236,000		236,000
粗利益率	60%	58%	58%	52%	34%	40%	47%		47%
人件費	16,000	13,000	12,500	9,000	12,000	20,000	82,500	40,000	122,500
人件費率	20%	33%	21%	18%	17%	10%	17%		25%
家賃、他固定費	19,500	15,000	12,000	17,000	22,000	8,000	93,500	45,000	138,500
営業利益	12,500	−5,000	10,500	0	−10,000	52,000	60,000	−85,000	−25,000
営業利益率	16%	−13%	18%	0%	−14%	26%	12%		−5%

③ 組織、管理状況

まず、創業者でもある現社長が天性のセンスを発揮し、一人でブランドおよび開発・仕入れ方針を決定し、経営全般の判断を行う一方、資金繰りについても担っている状態でした。社長自身はすばらしい理念や感性を持っていたのですが、日常業務に忙殺され、メンバーたちに十分に伝えられていませんでした。

その他役員として2名（社長親族）がおり、それぞれ店舗・卸売部門の管理、企画・設計部門の管理を担当していましたが、元々現場（店

舗や企画）での経験しかなく、経営管理的ノウハウは全く持ちあわせていませんでした。したがって、各部門でヒト・モノ・カネ・情報をマネジメントできているとは言いがたいのが実情でした。

　また、部門長参加による全社会議が定例で開催されていましたが、社長による叱責や説教が延々と続くだけで、問題解決に向けた建設的な議論ができる場として機能していませんでした。このことは、業務改善につながるPDCA（計画、実行、検証、改善）サイクルが全くできていない象徴的な事象でした。

　業務自体もかなり忙しい状況（一般的に企画開発は年に2～3回程度が限度だが当社は6回をこなさなければならない）で、夕方から深夜まで延々と続く会議に、従業員たちは体力的にも精神的にも疲弊状態となっていました。

④　業務フロー

　通常年4回だった商品開発を、業績挽回を狙って6回に増やしたため、企画、展示会運営、営業各担当に過剰な業務負荷がかかっていました。結果として、商品開発の品質が落ち、全体的な商品力低下につながっていたり、また類似の商品を複数展開してしまうことで自社商品間の「共食い」につながり販売不振に陥るという悪循環となっていました。

(3)　SWOT分析によるまとめ

　以上の調査結果をSWOTにまとめると次のようになります。

機会	脅威
・取引やアライアンス依頼など、大手企業から引き合いがある	・価格の安い同業他社の複数台頭 ・同コンセプトのショップ市場に、他業種（美容等）からの参入が続いている
強み	**弱み**
・社長の流行デザインに対する目利き力（センス） ・同センスが業界でも一定の評価を得ている ・安定的な市場ニーズがあるデザインコンセプト	・組織として店舗運営ノウハウを蓄積しておらず、店長個人の力量に依存している ・PDCAサイクルが機能しておらず、業務や業績改善に結びついていない ・積極的な事業拡大の結果、固定費が増大している ・ブランドの品質が経営者のセンス、理念に依存しており、組織展開できていない ・過剰な業務負荷により、魅力的な商品構成を生み出せないサイクルに陥っている

また、当社の窮境要因を整理すると以下のとおりです。

▶急激な店舗拡大をしたことによる借入金負担の増加

▶店舗運営ノウハウを全店舗に行き渡らせる管理不足による不採算店舗増加

▶事業拡大の結果増大した固定費を賄いきれる売上高を確保できなくなった

▶業績回復のための高頻度な商品開発により負荷が増大し、商品力が低下した

▶また、商品数は増えたが同質商品となってしまい全体的な売上不振につながった

❸ 経営改善計画におけるアクションプランの骨子

前述のSWOT分析から導いた当社の経営改善方針とアクションプランは以下のとおりです。

＜クロスSWOT分析による戦略立案＞

	機会 ・取引やアライアンス依頼など、大手企業から引き合いがある	脅威 ・価格の安い同業他社の複数台頭 ・コンセプトのショップ市場に、他業種（美容等）からの参入が続いている。
強み ・社長の流行デザインに対する目利き力（センス） ・同センスが業界でも一定の評価を得ている ・安定的な市場ニーズがあるデザインコンセプト	【外部とのアライアンスを活用した新規販売チャネルの育成】 販売力のある大手業者とのアライアンスを活用し、固定費負担を抑制した販売チャネルを構築、収益事業へ育成する。	
弱み ・組織として店舗運営ノウハウを蓄積しておらず、店長個人の力量に依存している ・PDCAサイクルが機能しておらず、業務や業績改善に結びついていない ・積極的な事業拡大の結果、固定費が増大している ・ブランドの品質が経営者のセンス、理念に依存しており、組織展開できていない		【不採算店のリストラと、仕組み・戦略・人づくりによる守りの体制整備】 ①不採算店の閉店による固定費圧縮 ②事業・店舗別損益管理の実施およびPDCAサイクルの構築による業務改善 ③開発頻度に依存しない商品戦略の構築 ④社長の理念・ノウハウの承継と次世代リーダーの育成

・過剰な業務負荷により、魅力的な商品構成を生み出せないサイクルに陥っている	

(1) 不採算店のリストラと、仕組み・戦略・人づくりによる守りの体制整備

　まず、不採算店舗については閉店の可否を検討、実施することにしました。家賃等で固定費が高止まりしているなど、短期的に黒字化見立てが立たない店舗については、入居している施設の更新の時期との兼ね合いを見ながら閉店を前提に検討しました。現状の体制では店長に対するマネジメント、教育もままならないため、店舗運営の改善まで時間がかかり、当社自体の体力が持たないと判断したのです。

　その上で、卸売および店舗ごとの収益管理の仕組み化や、運営計画づくり～実行～検証する会議体の設定（＝PDCAサイクル構築）を行い、今後の運営についてリスクマネジメントできる体制を構築していきました。

　また、狙いと反対に商品力低下や売上不振を招いてしまった「年6回に及ぶ商品開発」という現在の方針を改め、商品構成やコンセプトから営業方法までの根本的な戦略を練り直し、業務負荷を減らしながら効率的に売上につなげていく方向への転換を図りました。

　以上は、固定費を減らし、個人の業務負荷を減らしながらも、組織力を強化することで売上・利益を確保する体制づくりでしたが、もう一つ重要なポイントとして「人」づくりに取り組みました。そもそも当社の強みは多方面から定評のある「商品力」ですが、それを支える両輪が「社長の目利き力」と『お客様の大切な思い出を彩るモノを送り出そう』という創業時につくった理念のはずでした。この理念が、

人気を集めるブランドをつくり、従業員の行動指針となってきたのです。実際には、目先の売上確保のために商品を増やすが売れず、次の商品づくりに邁進するなど、社長を含めた従業員各人の頑張りが空回りする状況となっていました。

　そこで、このタイミングで創業当初の理念へ立ち戻り全従業員で共有しながら、「それは理念を実現する方法か」を合言葉にあらゆる戦略づくりや業務の見直しをしていくこととしたのでした。また同時に、社長のノウハウを継承するため、幹部候補社員を選んで社長直下の部門に配置し、育成していく方針ともしました。

(2)　外部とのアライアンスを活用した新規販売チャネルの育成

　今後の「攻め」の戦略として、大手企業との提携による業容拡大を進めることにしました。店舗自体は提携企業が持ち、当社は商品提供や店づくりで協力する業態などにより、固定費を抱え込む体力がなかった当社にとっては、利益率が低かったとしてもリスクを負わずに収益につなげられる有望なチャネルとなる見込みです。幸い、当社のブランドイメージや商品力が高く評価されていたため、まずは年間数千万円の売上につながる案件にこぎつけることができました。

　これらのアクションプランは、次の表のように「いつ」「誰が」やるか、「どんな改善効果を狙うか」などを明確にした計画に落とし込み実行していきました。

第6章　SWOT分析の実例

<アクションプランの実施計画例>

大項目	改善効果	責任者	担当者	H27年 7月	8月	9月	10月	11月	12月	H28年 1月	2月
1.不採算店舗の整理・主力店舗の構築											
●●店の撤退検討、実施	(賃料、管理費、人件費の削減)	専務	担当A	検証 →			施設への通知			◆閉店	
■■店の撤退	(賃料、管理費、人件費の削減)	専務	担当A						◆閉店		
2.管理体制の再構築											
業務分掌の明文化	(残業時間の削減)	常務	担当B	◆							
会議体の再編		常務	担当B	◆							
事業・店舗別損益管理の仕組みづくり	(不採算の防止、改善)	常務	担当C	→	◆運用開始						
3.新規販売チャネルの事業化											
Z社との提携・販売企画	計画0期:20百万円、計画1期以降:40百万円の売上確保	社長	担当D		企画 ◆	→	交渉 ◆	商品づくり ◆	→		

4 アクションプラン実行の成果

　O商事では現在、計画0期としてアクションプランを実行中です。これまで実施した施策のうち「不採算店舗の整理」についてはスムースに2店舗の撤退を進め、コスト削減につなげることができました。

　ところが、次の柱として期待していた外部パートナーとの提携・販売が、先方事情により遅延および規模縮小し、今期売上は当初見込みの1/4程度しか確保できないこととなりました。結果、0期、1期ともに計画未達成見込みという苦戦を強いられることになってしまいました。このような状況の中で売上をカバーするため、これまで未開拓だった百貨店・SC（ショッピングセンター）へのいわゆる「卸売」の獲得に営業を集中強化していきました。これにより計画にも読み込んでいなかった契約を取ることができ、2期には少なくとも1千万円以上の売上見込みを立てることができたところです。

突発的な要因などにより当初の計画が予定どおりに行かず、急遽プランを修正していくことは多くあります。それを可能にするためには、月次でアクションプランの進捗をモニタリングし、機動的に次の対策を取れるようにしておくことが非常に重要です。O商事では、強いリーダーシップを持つ社長がいたため、すぐに対応することができましたが、そうではない会社では、迅速に意思決定できる仕組み（役員会やナンバーツーの育成など）を準備しておくべきと言えます。

❺ O商事の経営改善計画書（抜粋）

＜債務者概況表＞

①対象先・概要

事業者	株式会社O商事								
連絡先	000-000-0000			住所	□□県□□市□□				
業種	婦人服製造業			設立年月日	昭和○年○月○日			年商	500 百万円
(事業内容)	婦人服の企画・製造及び卸売・小売			代表者	△△			年齢	48 歳
資本金	20百万円	従業員数(うちパート人員数)	30名(2名)	主要金融機関	① X銀行　② Y信金　③ C金庫　④　⑤				

事業内容・沿革
- 平成10年　□□市にて設立
- 平成15年　○○にてオリジナルセレクトショップ●●出店
- 平成20年　●●にて□□出店
- 　　　　　△△にて□□出店
- 　　　　　中国への製造委託開始
- 平成21年　■■にて□□出店
- 　　　　　▲▲、○○にて□□出店

株主構成

名前	株数	関係
○○	250	社長
△△	100	姉
□□	100	長女
計	450	

役員構成

名前	役職
○○	代表取締役
△△	取締役
□□	取締役

②財務内容及び問題点

平成26年12月期　　単位：百万円

資産の部	決算	修正	実質	負債の部	決算	修正	実質
現預金	38		38	支払債務	32		32
売上債権	53		53	短期借入金	0		0
棚卸資産	92	▲3	88	その他	11		11
その他	12	▲5	7	流動負債計	42	0	42
流動資産計	195	▲9	186	長期借入金	209		
土地	0		0	その他			
建物(附属含む)	8		8				
その他	4		4				
有形固定資産	12	0	12	固定負債計	209	0	209
無形固定資産	17	0	17	負債合計	251	0	251
会員権	5		5	資本の部	決算	修正	実質
投資有価証券	12		12	資本金	5		5
その他	0		0	その他	▲14	▲9	▲23
投資等	17		17				0
固定資産計	46	0	46	自己資本	▲9	▲9	▲18
資産合計	241	▲9	233	負債・資本合計	241	▲9	233

主要項目コメント及び問題点

【資産査定】
商品在庫評価減
　　　　　▲3百万円
前渡金評価減
　　　　　▲2百万円

長期貸付金評価減
　　　　　▲5百万円

【財務上の問題点】
現預金残高が薄く、突発的な要因により資金ショートの可能性がある。

近年の過剰発注により在庫が大幅増。資金繰り圧迫要因となっている。

第6章　SWOT分析の実例

	(単位：千円)	24年12月期(実績)	25年12月期(実績)	26年12月期(実績)	27年12月期(見込)
③業績推移等	売上高	620	580	500	480
	営業利益	9	7	6	4
	経常利益	3	1	1	▲1
	当期利益	3	1	1	▲1
	減価償却	1	1	1	0
	決算上自己資本	▲11	▲10	▲9	▲10
	修正			▲9	▲9
	実質自己資本			▲23	▲19
	金融機関からの借入金	50,209	25,209	209	184

【分析結果】
債務超過解消年数、債務償還年数ともに超長期となっており、収益力の回復が急務。

不採算店舗が赤字要因となっており、早急に整理を検討する必要がある。

※平成27年12月期見込みより

収益弁済原資	1百万円
債務超過解消年数	38年
債務償還年数	174年

単位：百万円

	金融機関名	24年12月期(実績)	シェア	25年12月期(実績)	シェア	26年12月期(実績)	シェア	保全額
④銀行取引状況	X銀行	148	59.6%	136	59.5%	124	59.4%	80
	Y信金	91	36.6%	84	36.8%	77	36.9%	77
	C金庫	9	3.8%	9	3.7%	8	3.7%	0
	合計	248	100.0%	229	100.0%	209	100.0%	157

⑤　特記事項

＜現状と認識課題＞
・不採算店舗があり、赤字の要因となっている。
・固定費が増大しており、削減の余地がある。
・過剰な業務負荷により、商品力が落ちている。
・店舗運営が個人に依存しており、組織のノウハウとなっていない。
・外部パートナー企業とのアライアンスによる新規売上獲得の機会がある。
・ブランドの品質が経営者の資質に依存している。

＜経営改善計画策定方針＞
・不採算店舗の整理、主力店舗の構築
・業務や損益管理体制を整え、残業減や不採算の防止を図る。
・外部パートナーとの提携により、新規売上獲得及び今後の新規販売チャネルとして事業化を目指す。
・理念の再共有と社長の商品開発ノウハウの継承による、戦略見直しと人材育成

<計数計画・具体的施策>

【数値計画の概要】

数値計画の概要		直近期 ●年●月期	計画0年目 ●年●月期	計画1年目 ●年●月期	計画2年目 ●年●月期	計画3年目 ●年●月期	計画4年目 ●年●月期	計画5年目 ●年●月期
	売上高 営業利益 経常利益							
	当期利益							
	減価償却費 簡易CF（経常利益＋減価償却費 - 法人税等） 現預金残高							
	金融機関債務残高 資本性借入金 運転資金相当額			省略				
	差引要償還債務残高							
	CF倍率							
	純資産額（帳簿） 純資産額（実態：金融支援後）							

【経営改善計画に関する具体的施策内容及び実施時期】

	大項目		取組み課題	実施時期	具体的な内容
1	不採算店舗の整理、主力店舗の構築	1	不採算店舗の撤退検討、固定費削減	計画0期中	2店舗の撤退検討、およびその他固定費削減
		2	主力店舗における販売戦略見直しと販売員育成	計画1期以降	売上増に向けた販売戦略見直し、販売員育成プログラ有無の実施
2	業務および損益管理体制の整備	3	業務分掌の見直し	H27年7月中	業務負荷を平準化するため、業務分掌を見直す。
		4	会議体の再編	H27年7月中	不要な会議体の廃止と、効率的・効果的な会議体の設計～運用開始
		5	事業・店舗別損益管理の仕組みづくり	H27年8月まで	損益管理用の帳票及び運用ルールの整備
3	外部パートナーとの提携による新規販売チャネル事業化	6	Z社との提携、販売体制の実現	計画1期以降	Z社との提携による販売企画、契約～運営開始
4	理念再共有、社長のノウハウ継承による戦略見直しと人材育成	7	理念・目指す姿の再確認と商品づくりや業務への落し込み	計画0期下半期～	全従業員合宿の実施、クレドの作成、など。
		8	社長ノウハウの継承	計画0期下半期～	社長直下の戦略室設置、幹部候補社員によるプロジェクト開始。

第6章 SWOT分析の実例

<アクションプラン一覧>

単位:百万円

	計画0年目	計画1年目	計画2年目	計画3年目	計画4年目	計画5年目
売上	495	515	530	530	530	530
売上総利益	238	247	254	254	254	254
売上総利益率	48%	48%	48%	48%	48%	48%
営業利益	8	12	21	27	27	27

	経営改善計画の具体的な内容	実施時期	各年度の定量目標または定性目標					
			計画0年目	計画1年目	計画2年目	計画3年目	計画4年目	計画5年目
1	不採算店舗の撤退検討及びその他固定費削減	計画0期中	2店舗撤退 人件費、家賃等 ▲25百万円 ●●費、××費削減 ▲5百万円	*前期撤退・削減の残効果 人件費、家賃等 ▲25百万円 ●●費、××費削減 ▲5百万円				
2	主力店舗における販売戦略見直しと販売員育成	計画1期以降		主力店舗□□ 売上85百万円 販売員育成プログラム設計	主力店舗□□ 売上87百万円 販売員育成プログラム実施(2名)	販売員育成プログラム実施(他店舗2名)	販売員育成プログラムの定型化	
3	業務分掌の見直し	H27年7月中	業務負荷の見極め 業務分掌の整理 新運用開始					
4	会議体の再編	H27年7月中	会議体の役割、目的、メンバー等の見直し 新運用開始					
5	事業・店舗別損益管理の仕組みづくり	H27年8月まで	帳票整備 運用ルール決定 運用開始					
6	Z社との提携、販売体制の実現	計画1期以降	企画〜契約〜実施	売上20百万円		売上35百万円 *横展開に向けた検討 →新たなテーマ設定		
7	理念・目指す姿の再確認と商品づくりや業務への落とし込み	計画0期下半期〜計画2期中	幹部候補社員プロジェクトの一環として開始。 ●月合宿実施 ●月クレド作成	各部門業務への展開 *プロジェクト企画に応じスケジュール設定	各部門業務への展開 *プロジェクト企画に応じスケジュール設定			
8	社長ノウハウの継承	計画0期下半期〜計画3期中	幹部候補社員の選定 戦略室、プロジェクト始動	社長同行による商品開発、顧客折衝 週1回ミーティング	幹部社員への権限移譲	経営会議への参加		

事例3 強みを活かし、「1社依存下請からの脱却」を目指しはじめた製造業

❶ 企業概要

会　社　名：株式会社Ｘ産業
事業内容：自動車内装パーツを製造する企業
従業員数：200名
売　上　高：19億円
沿　　　革：

　Ｘ産業は、地方都市近郊で先代が創業。当初の取引先はメーカー1社のみでしたが、他メーカーとの取引開始とともに量産体制を確立し、さらなる受注を獲得するというよいスパイラルの中で事業を順調に拡大してきました。現在では、隣県に従来の工場より一回り規模の大きい第2工場を設立するほどとなっています。

　現状の経営体制は2代目社長と後継者である息子（専務）であり、最近も新設備の導入でさらに生産量拡大を実現するなど安定した事業を行っていましたが、リーマンショックをはじめとする大きな外部環境の変化で受注量が激減し、一気に会社は窮境に陥ることとなりました。

❷ 事業デューデリジェンスの結果とSWOT分析

(1) 当社の置かれている現状

　Ｘ産業は、国内自動車メーカーの一次サプライヤーであるＹ工業からの受注が90％以上とほぼ1社依存体質ではありましたが、これまで

は安定的な売上が見込めるメリットを享受していました。

　ところが昨今の自動車製造業界では、為替相場の影響を抑え現地ニーズにきめ細かく応える製品づくりのため、アメリカ、ヨーロッパ、東南アジア、中国、ロシア等の現地生産化が進められるようになりました。さらに、リーマンショックや東日本大震災による国内需要の低下、尖閣問題等による対中輸出の大幅な落ち込みにより、国内の自動車生産台数はさらに減少していきました。

　この影響でX産業は、Y工業からの受注が急激に減少することになりました。元々、大量受注を前提に薄利多売のビジネスモデルであったため、すぐに損益分岐点売上高を割り込み、一気に赤字に陥ることとなったのです。

　品質に対する目が最も厳しい自動車業界の製品を長年納品し続けているX産業ですので、高い技術力は他社からも認められていることもあり、赤字に陥ったのは外部環境のマイナス要因によるものだと社長は考えていました。しかし、調査を行うなかで、外部環境の影響だけではなく、企業内部にも大きな原因があることがわかりました。

　上記を元に進めた事業デューデリジェンスの内容と結果は、以下のとおりです。

(2) **外部環境調査**

　ポイントの一つ目として、「自動車業界の変化によりX産業が窮境に陥った」という社長らの話の裏付け・検証のため、国内自動車生産の動向を見ていきました。この結果は先に示したとおり、マクロデータによる国内生産台数も、また直接的な取引先であるY工業の売上高自体も減少していることがわかりました。今後の動きとして揺り戻しによる生産量増がある可能性はありますが、突発的な外部要因により、

いつまた現在のような取引激減に陥るかはわからないリスク（脅威）を抱えているとも言えました。

また、当社製品の販売先横展開の可能性を探るべく、類似パーツを使用する他業種製品の動向にスコープを定め調査を行いました。その結果、当社の技術力・設備を活用すれば、大規模な集客を行う施設の内装に応用がきくこと、またそうした施設は軒並み設備更新の時期を迎えているため有望な見込み客であり、今後のビジネスチャンス（機会）となり得ることがわかったのでした。

(3) 内部環境調査

最初に、調査の方向性を探るため社長と専務（後継者である息子）へのヒアリングを行った結果、会社の方向性、問題点の認識に乖離があることがわかりました。

社長はもともと現場で叩き上げられてきましたので、モノづくりは技術力がすべて、それは現場が実践でしか身につけられないという信念を持っており、「残業をしてでも多くの製品を作り、精度、スピードを上げることで技術力が向上し、おのずと付加価値の高い製品が受注できる」が持論でした。

一方、大手企業での営業経験を持つ専務はマネジメントの力が重要との考えで、「幹部教育で管理能力を強化し、生産現場の効率化や付加価値向上を図っていくべき」と、各種会議の設定、製品のデータ収集、幹部の勉強会および外部セミナーの参加等に注力していきました。「現場の努力や苦労による技術力の向上」「管理能力の向上」どちらも大事なことですが、決して現状の会社を良い方向に導いているとは言えない状況でした。例えば、製造が就業時間内に終わることがほぼないほど多忙を極めているのに、外注を使わず、常に現場社員に残業

や休日出勤を強いて納期に間にあわせていました。また、幹部は勉強会やセミナー参加、そして現場のデータ収集に追われ、当然ながら時間が足りずどれも中途半端にこなすことになります。

その結果、次第に不良製品が増え、「不良製品が出れば残業して補う」「それでもとにかくデータ収集に邁進する」という繰り返しのなか、過度の残業時間、無意味なデータの山の処理に従業員は疲弊し退職者が続出するという、完全に組織が機能不全に陥っていたのです。

また、売上が減少したとはいえ、これだけ多忙な状況下で利益が出ていないのはなぜなのでしょうか？ おそらくいずれかの製品の収益性に問題があることが推測できますが、当社は専務の指導の下、生産に関するデータを収集し改善に活用しているのではなかったでしょうか。

実際には、製品ごとの収益性を会社として十分に把握すらできていませんでした。数字を管理していましたが、何を明らかにしてどのように業務改善に活かすかの目的はなく、不十分なデータを収集しているにとどまっており、せいぜい全体的に粗利率が低いと把握している程度だったのです。

調査の結果、大量生産している特定の主要製品が不採算である（作れば作るほどマイナスが増える）ことがわかりました。その製品は、熟練された技術が必要でⅩ産業にしか製造できないものであり、他製品よりも販売単価が高いため、これまでは「利益に貢献している」とばかり思っていたのです。しかし、人工（にんく）とロス率を試算すると、大幅な赤字であるのが実情でした。

このような状態は、Ｙ工業との取引では常にＹ工業からの「指値」で価格が決まるというパワーバランスが大きな要因でした。実際、これまでⅩ産業から単価交渉を行ったことはなかったようです。Ｙ工業

の業績が良かった時代は当社の利益にもつながっていましたが、国内の自動車生産が減少するなか、Y工業からの発注単価は低下し、結果、X産業の利益を食い潰す要因となっていたのです。

　また、Y工業への1社依存が大きいことで、当社には営業部隊が必要なく、外部環境の情報収集、既存製品の単価交渉、新製品の開拓等を行ってこなかったため、国内自動車生産の減少という環境変化に流される形でX産業が窮境に陥っていたことが判明しました。

(4) SWOT分析によるまとめ

　以上の調査結果をSWOTにまとめると次のようになります。

	機会	脅威
外部	・X産業の技術は、大規模施設等の内装パーツ製造にも活用できる ・大規模集客を行う公共施設や民間施設市場は、改装等により需要が増加している	・自動車の国内需要の減少により、自動車パーツの国内生産が減少傾向である ・Y工業の国内生産は微減傾向となっている ・Y工業からの受注製品は薄利になってきている
	強み	弱み
内部	・長年、自動車パーツを製造してきたノウハウがある ・自動車業界の品質基準をクリアするための高品質製品を製造できる技術がある ・大量生産できる設備がある ・営業職を経験していた役員がいる	・経営陣のなかで、ビジョンや企業経営に関する方向性の意思統一ができてない。 ・Y工業への依存度が高く、パワーバランスの関係から、利益率の悪い製品の受注も受けざるを得ない ・取引先別、製品別の採算管理ができていない ・現場の疲弊により、生産の非効率や離職につながっている

❸ 経営改善計画におけるアクションプランの骨子

前述のSWOT分析から導いた当社の経営改善方針とアクションプランは以下のとおりです。

＜クロスSWOT分析による戦略立案＞

	機会 ・公共施設の改装等により需要は増加している	脅威 ・国内自動車生産数は減少しており、Y工業の国内生産も減少している ・Y工業からの受注製品は薄利になってきている
強み ・高い技術力がある ・営業職経験者がいる	・自動車業界の品質基準をクリアする技術力を提案材料に、他業種他製品の受注獲得を目指す	・Y工業の売上比率を下げるべく、Y工業の不採算製品から、他業種他製品の受注へ変えていく
弱み ・取引先別、製品別の採算管理ができていない	・営業と技術者で製造コスト分析を行う仕組みづくりを行い、新規取引開始時の見積もりに反映するルールを徹底する	・既存取引の製品別採算性を明らかにし、不採算製品の値上げ交渉、撤退を検討する。

＜経営改善に向けた戦略とアクションプラン＞

上記クロスSWOT分析で示したとおり、「ビジネスモデルの再構築」と「現場効率化によるコスト低減」の２面を並行して行いながら、高収益体質への改善を図っていくことにしました。

〈事業再構築の方向性〉

短期効果向け施策	ビジネスモデルの再構築			
Y工業向け不採算製品の値上げ交渉	Y工業向け営業体制の整備	良好な関係性構築と有利な取引条件取り付け	1社依存、薄利多売からの脱却	営業黒字化、高収益体質づくり
	新規領域向け営業部隊編成	新規領域での受注獲得〜事業化		
	生産現場効率化によるコスト低減			
	改善に向けた採算把握の仕組み化	業務改善の計画〜実行〜検証のサイクル構築	粗利率向上	

(1) Y工業向け不採算製品の値上げ交渉

　まず即効性のある施策として、現状最も大きな赤字を出している不採算製品について値上げ交渉を行うこととしました。その製品単価を採算ラインまで引き上げることができれば、全社として黒字化が実現することが検証できたためです。

　ただし、あらかじめ入念に値上げ交渉のシナリオを検証しました。「値上げしてもらえなければ撤退する」という交渉をするつもりでしたが、万が一本製品の取引がなくなれば、当社の事業立て直しは容易ではなくなります。これについては、X産業ほどの技術力と生産量をこなせる設備を持つ競合がいないことから、勝算を見込めたことで実施に踏み切ったのでした。

(2) ビジネスモデルの再構築

　当社の中長期的な重要テーマは、得意先1社依存かつ薄利多売というビジネスモデルからの脱却でした。そのためには、主要顧客である

Y工業とは収益性を確保しながらよい関係を維持することに加え、他業種他製品市場への展開により、複数分野からなる事業ポートフォリオを構築することでした。具体的な取組みとしては、営業部隊を強化し、既存取引先との交渉力を身につけながら、新規得意先開拓に注力していくものです。

　このことは、X産業の窮境を招いた一要因として「外部環境変化に対する経営判断の遅れ」があったことを考えると、営業部隊が外部の情報収集の役割を担うことで、市場の動向にいち早く対応できる経営体制を整える面でも大きな意味があると考えられました。

(3) 現場効率化によるコスト低減

　従来は「残業してでも納期に間に合うよう生産すればいい」といった"力づく"の製造を行っていましたが、今後は、製品ごとに儲かっているのかを把握し、さらなる効率化を目指して改善する生産現場への変革を目指すこととしました。

　これまで行っていたデータ収集の習慣はムダにせず、目的や手法を見直すことで継続しながら、正確な採算把握とムダ排除（コスト低減）に活用できるよう仕切り直しをしていきました。具体的には、工数、残業、ロス率、歩留まりについて目標値を設定し達成を目指して改善をしていくこととし、生産管理部が数値検証の上で「改善指示書」を作成し、現場が実施するというサイクルを構築していきました。

　また、不採算製品をひたすら作っていた弊害として、赤字だけでなく現場の疲弊とモチベーション低下を招いていましたので、社長自ら現場で指揮を取り従業員と議論をしながら、改善や技術承継に取り組むことにしました。これまで積極的に推進していた幹部の勉強会やセミナー参加は、教育方針が決まるまでいったん中止としました。

❹ アクションプラン実行の成果

　X産業は赤字体質から脱却しました。

　まず最初に取り組んだ不採算製品の単価交渉は、社長、専務が一丸となり、社運をかけた背水の陣でY工業に直接交渉に赴きました。X産業に万が一のことがあった場合Y工業も不利益を被るという事情もあり、値上げは成功しました。意外なもので、Y工業の担当からは「実は以前から『大丈夫かな』と気になっていたのです」と言われました。他製品も同様の交渉を行うことで、単価の改定、不採算製品の撤退等、製品の取捨選択を実現しました。

　併せて、営業部隊を構築し、営業活動時間を確保したことで、民間集客施設の内装パーツの受注にも成功しました。自動車パーツと比較すると、施設の内装パーツは格段に粗利率が高いため、利益底上げに大きく貢献することができました。また高い技術が評価され、継続的な受注へとつながりました。

　従業員も作れば作るほど利益が出るようになったことと、粗利率の高い他業種の新製品にチャレンジし成功したことで自信が深まり、現場にも活気が戻ってきました。また大量の不採算製品を終了したことで、管理に費やせる時間ができ、幹部自ら製造に関する勉強会へ参加するようになりました。

　余談となりますが、これまで多忙で開催できなかった「全社社員旅行」を従業員の発案で慰労も兼ね10年ぶりに復活したのでした。

第6章　SWOT分析の実例

❺ X産業の経営改善計画書（抜粋）

＜債務者概況表＞

① 対象先・概要

事業者	株式会社X産業								
連絡先	000-000-0000			住　所	○○県×○○市○○				
業　種	製造業			設立年月日	昭和○年○月○日			年　商	1,900百万円
(事業内容)	自動車内装パーツの製造			代表者	□□　□□			年　齢	50歳
資本金	80百万円	従業員数 (うちパート人員数)	200名 (50名)	主要金融機関	① A信金　② B信金　③ C銀行　④ D銀行　⑤ E信金				

事業内容・沿革	株主構成			役員構成		
昭和36年：○市にて自動車内装業として株式会社X産業を創業 昭和38年：H社A車、車内パーツの量産受注に成功および第2工場を建設 昭和40年：T社B車、車内パーツの量産受注に成功 平成10年：先代社長から現社長（二代目）に就任 平成20年：N社C車、車内パーツの受注に成功および新設備の導入 平成24年：各自動車メーカーの生産量が減少および生産打切りにより第2工場の閉鎖	名前	株数	関係	名前	役職	
	□□	500	本人	□□	代表取締役	
	△△	200	兄弟	△△	取締役	
	××	200	子	××	取締役	
	■■	100	妻	■■	取締役	
	計	1,000				

② 財務内容及び問題点

平成23年3月期　　　　　　　　　　　　　　　　　　単位：百万円

資産の部	決算	修正	実質	負債の部	決算	修正	実質
現預金	90		90	支払債務	120		120
売上債権	150	▲30	120	短期借入金	0		0
棚卸資産	80		80	その他	120	▲10	110
その他	10		10	流動負債計	240	▲10	230
流動資産計	330	▲30	300	長期借入金	800		800
土地	200		200	その他	10		10
建物（附属含む）	80		80				
その他	20		20				
有形固定資産	300	0	300	固定負債計	810	0	810
無形固定資産	1	▲1	0	負債合計	1,050	▲10	1,040
会員権	10		10	資本の部	決算	修正	実質
投資有価証券	10	▲10	0	資本金	80		80
その他	3		3	その他	▲426	▲81	▲507
投資等	23	▲10	13				
固定資産計	324	▲11	313	自己資本	▲346	▲81	▲427
資産合計	654	▲41	613	負債・資本合計	704	▲91	613

【主要項目コメント及び問題点】

【資産査定】
売掛金（長期滞留債権）
　　　　　　　　　▲30
投資有価証券（子会社株式）
　　　　　　　　　▲10
※土地、建物は事業用不動産につき反映しない

【財務上の問題点】
FCFがマイナスのため金融機関等に対する有利子負債800百万円の返済が困難。
含み損益等の修正事項まで反映した場合の純資産額は▲427百万円と大幅債務超過

	（単位：百万円）	24年12月期（実績）	25年12月期（実績）	26年12月期（実績）	27年12月期（見込）
③業績推移等	売上高	2,500	2,200	1,900	
	営業利益	▲100	▲20	▲20	
	経常利益	▲125	▲40	▲40	
	当期利益	▲125	▲40	▲40	
	減価償却	70	60	50	
	決算上自己資本			▲346	
	修正			▲81	
	実質自己資本			▲427	
	金融機関からの借入金			800	

【分析結果】
営業損益は赤字を継続しており、回復の見込みが立っていない。
ＦＣＦの10倍は100百万円であり、過剰債務は600百万円である。
債務超過解消年数は、当期利益マイナスにより算出不能。
債務償還年数は80年と超長期となる。

※平成27年12月期見込みより

収益弁済原資	10百万円
債務超過解消年数	―年
債務償還年数	80年

単位：百万円

	金融機関名	24年12月期（実績）	シェア	25年12月期（実績）	シェア	26年12月期（実績）	シェア	保全額
④銀行取引状況	A信金	459	51.00%	429	50.50%	400	50.0%	200
	B信金	178	19.75%	179	21.05%	170	21.3%	50
	C銀行	151	16.75%	136	15.95%	130	16.3%	30
	D銀行	56	6.25%	52	6.10%	50	6.3%	0
	E信金	56	6.25%	54	6.40%	50	6.3%	0
	合計	900	100.0%	850	100.0%	800	100.0%	280

⑤ 特記事項

<現状と認識課題>
- 国内自動車メーカーの一次サプライヤーであるＹ工業からの受注が90％以上で、かつ薄利多売の受注内容となっている。
- 営業部隊が存在しないため、単価交渉の機会を持てず、Ｙ工業からの指値となっている。
- 自動車業界の高い品質基準にも対応できる技術力は、他社との差別優位性となっているが、Ｙ工業の完全下請け業となっており、活かしきれていない。
- 販管費は削減余地あり。

<経営改善計画策定方針>
- 受注元であるＹ工業向け不採算製品の値上げ交渉
- ビジネスモデルの再構築
- 人員や組織見直し、及び営業会議テコ入れによるによる営業体制強化
- 現場効率化によるコスト低減
- 販管費削減

第6章 SWOT分析の実例

＜計数計画・具体的施策＞

【数値計画の概要】

数値計画の概要		直近期 ●年●月期	計画0年目 ●年●月期	計画1年目 ●年●月期	計画2年目 ●年●月期	計画3年目 ●年●月期	計画4年目 ●年●月期	計画5年目 ●年●月期
	売上高							
	営業利益							
	経常利益							
	当期利益							
	減価償却費							
	簡易CF（経常利益＋減価償却費－法人税等）							
	現預金残高							
	金融機関債務残高							
	資本性借入金							
	運転資金相当額							
	差引要償還債務残高							
	CF倍率							
	純資産額（帳簿）							
	純資産額（実態：金融支援後）							

省略

【経営改善計画に関する具体的施策内容及び実施時期】

大項目	中項目	実施時期	具体的な内容
Ⅰ ビジネスモデルの再構築	事業の方向性の決定と提示	H24年3月～	・理念、ビジョン、ミッションの再構築
		H24年4月～	・組織の再編検討
		H24年5月～	・従業員説明会の実施
	受注判断基準の決定	H24年5月～	・製品データの収集、また取引先別/製品別ごとの利益試算の実施
		H24年5月～	・取引先別/製品別の受注判断基準の作成
		H24年6月～	・外製、内製の受注判断基準の作成
	営業戦略の決定	H24年7月～	・1社への受注依存からの脱却を目指すため、売上構成比の見直しを実施
		H24年7月～	・既存受注の減少、新規受注の遅れ等によるリスクシミュレーションの実施
		H24年7月～	・業績に大きな影響を及ぼす不採算製品の単価交渉および生産中止における条件の設定
	営業活動の実施	H24年8月～	・営業部門の新設 ・売上/利益目標の設定 ・営業進捗管理による確実な営業活動の実施
Ⅱ 効率化による現場の体質改善	改善チームの作成	H24年5月～	・改善活動を推進していくチームの作成
		H24年5月～	・部門による改善方針の策定
		H24年6月～	・改善の整理、残課題のまとめ
	改善目標の設定	H24年7月～	・見積もり工数、実工数の見直しを実施し、効率目標を設定
		H24年7月～	・不良件数、不良発生率および金額を算出し、不良率の低減目標を設定
		H24年7月～	・習熟度のデータ収集方法の検討
	改善活動の実施	H24年8月～	・製造部門では製品別の作業時間、生産個数から実作業時間を測定 ・品質管理部門では、製品別不良の件数、内容、発生率、金額を測定 ・改善指示書を作成しPDCAを回し改善を推進

＜アクションプラン一覧＞

	計画0期目
売上	1,900,000
売上総利益	171,000
売上総利益率	9.0%
営業利益	-9,000

		経営改善計画の具体的な内容	実施時期	各年度の定量目標または定性目標 計画0期目
Ⅰ ビジネスモデルの再構築	1	・理念、ビジョン、ミッションの再構築	H24年3月～	売上高：
		・組織の再編検討	H24年4月～	・既存製品
		・従業員説明会の実施	H24年5月～	▲60,000
	2	・製品データの収集、また取引先別/製品別ごとの利益試算の実施	H24年5月～	・新規製品 60,000
		・取引先別/製品別の受注判断基準の作成	H24年5月～	
		・外製、内製の受注判断基準の作成	H24年6月～	
	3	・1社への受注依存からの脱却を目指すため、売上構成比の見直しを実施	H24年7月～	材料比率：
		・既存受注の減少、新規受注の遅れ等によるリスクシミュレーションの実施	H24年7月～	・既存製品 0.5%
		・業績に大きな影響を及ぼす不採算製品の単価交渉および生産中止における条件の設定	H24年7月～	
	4	・営業部門の新設	H24年8月～	・全製品 1.0%
		・売上/利益目標の設定		
		・営業進捗管理による確実な営業活動の実施		
Ⅱ 効率化による現場の体質改善	5	・改善活動を推進していくチームの作成	H24年5月～	労務費率：
		・部門による改善方針の策定	H24年5月～	
		・改善の整理、残課題のまとめ	H24年6月～	・社内効率化 0.0%
	6	・見積もり工数、実工数の見直しを実施し、効率目標を設定	H24年7月～	・外注比率 0.0%
		・不良件数、不良発生率および金額を算出し、不良率の低減目標を設定	H24年7月～	
		・習熟度のデータ収集方法の検討	H24年7月～	材料比率：
	7	・製造部門では製品別の作業時間、生産個数から実作業時間を測定	H24年8月～	・既存製品 0.0%
		・品質管理部門では、製品別不良の件数、内容、発生率、金額を測定		
		・改善指示書を作成しPDCAを回し改善を推進		

第6章 SWOT分析の実例

単位：千円

	計画1期目	計画2期目	計画3期目	計画4期目	計画5期目
	1,900,000	1,900,000	1,900,000	1,900,000	1,900,000
	205,200	239,400	267,900	285,000	294,500
	10.8%	12.6%	14.1%	15.0%	15.5%
	20,200	54,400	82,900	100,000	109,500

各年度の定量目標 または定性目標					
計画1期目	計画2期目	計画3期目	計画4期目	計画5期目	
売上高：	売上高：	売上高：	売上高：	売上高：	
・既存製品 ▲120,000	・既存製品 ▲120,000	・既存製品 ▲120,000	・既存製品 ▲60,000	・既存製品 ▲60,000	
・新規製品 120,000	・新規製品 120,000	・新規製品 120,000	・新規製品 60,000	・新規製品 60,000	
材料比率：	材料比率：	材料比率：	材料比率：	材料比率：	
・既存製品 0.5%	・既存製品 0.5%	・既存製品 0.2%	・既存製品 0.0%	・既存製品 0.0%	
・全製品 1.0%	・全製品 1.0%	・全製品 0.7%	・全製品 0.5%	・全製品 0.5%	
労務費率：	労務費率：	労務費率：	労務費率：	労務費率：	
・社内効率化 0.5%	・社内効率化 0.5%	・社内効率化 0.5%	・社内効率化 0.3%	・社内効率化 0.0%	
・外注比率 0.2%	・外注比率 0.2%	・外注比率 0.2%	・外注比率 0.0%	・外注比率 0.0%	
材料比率：	材料比率：	材料比率：	材料比率：	材料比率：	
・既存製品 0.1%	・既存製品 0.1%	・既存製品 0.1%	・既存製品 0.1%	・既存製品 0.0%	

おわりに

　会社説明や調査報告を受ける時を考えてみてください。また、今、話題になっている「事業内容や成長の可能性というような"事業性評価"」や「経営計画」の説明を受けることも想定してみてください。時系列順、担当セクション順、話題性のある順などの順番で説明を受けても、その会社の特徴や調査の過不足、事業性評価・経営計画の重要なポイントについては、なかなか理解に至らないと思います。これは、メリハリがなく単調で平面的な説明になってしまうからです。

　この点、銀行員や会計事務所の役職員ならば誰でも知っている「SWOT分析」で、抽象的な案件や大きな施策について、「強み・弱み・機会・脅威」の4つの側面から説明を受ければ理解は進むと思います。「SWOT分析」で物事を整理すれば、より理解を深めることができることを、この書籍によって、納得されたものと思います。

　特に、今後、地域活性化や地方創生、また中小企業支援のために、銀行員と税理士などは相互に連携を組まなければなりませんので、多くの案件や施策で情報共有が必須になります。銀行員が会計事務所に話をするとき、また会計事務所が銀行員に寄り添っている中小企業の情報開示資料を提出したり、説明するときには、常に両者に共通するこの「SWOT分析」の手法が役立ちます。両者は、この「SWOT分析」で、同じ土俵で話し合うことができることを求められています。

　政府は「まち・ひと・しごと創生本部」で、金融庁は「地域企業応援パッケージ」で、この動きを支援しています。また、日本税理士会連合会は「税理士は中小企業支援の主役です」というチラシを公表し、各金融機関は自行のホームページで「地域密着型金融の推進」を開示しています。銀行と税理士などの会計事務所が連携を組んで親密に意

思疎通を図りながら、中小企業を支援し、地域活性化を目指すことは、今や常識となり、地域の期待となっています。その銀行と会計事務所の相互連携は重要であり、「SWOT分析」も、その欠かせないツールになっていくものと思われます。そして、この手法が、本書によって、さらに一般化していくことを願っております。

資金調達コンサルタント（株式会社ファインビット代表、一般社団法人資金調達支援センター副理事長）　　中村　中

〈著者プロフィール〉

中村　中（なかむら　なか）
執筆担当：はじめに、第2・3章
資金調達コンサルタント・中小企業診断士
1950年生まれ。
三菱銀行(現三菱UFJ銀行)入社後、本部融資部・営業本部・支店部、岩本町・東長崎各支店長、福岡副支店長等を歴任、関連会社取締役。
2001年、㈱ファインビット設立。同社代表取締役社長。週刊「東洋経済」の選んだ「著名コンサルタント15人」の1人。中小企業金融に関する講演多数。
橋本総業㈱監査役、一般社団法人資金調達支援センター副理事長、㈱マネジメントパートナーズ顧問
著書『中小企業再生への経営改善計画』『中小企業再生への改善計画・銀行交渉術』『中小企業再生への認定支援機関の活動マニュアル』『中小企業再生への金融機関本部との連携・交渉術』(ぎょうせい)、『中小企業経営者のための銀行交渉術』『中小企業経営者のための格付けアップ作戦』『中小企業金融円滑化法対応新資金調達術』『経営改善計画の合意と実践の第一歩「バンクミーティング」事例集』など(TKC出版)、『融資円滑説明術』など(銀行研修社)、『信用を落とさずに返済猶予を勝ち取る法』など(ダイヤモンド社)、『銀行交渉のための「リレバン」の理解』など(中央経済社)、『中小企業融資支援のためのコンサルティングのすべて』(金融ブックス)他

株式会社マネジメントパートナーズ

執筆担当：第1章、第4～6章

酒井篤司（さかい　あつし）
代表取締役、中小企業診断士、農林水産省「農業経営問題研究会」常任委員。三菱商事にて新規事業企画・開発、子会社社長、海外関連会社役員等歴任後、独立し㈱マネジメントパートナーズ設立。

関根義宗（せきね　よしむね）
中小企業診断士

佐藤宏樹（さとう　ひろき）
コンサルティング事業本部シニアマネージャー、中小企業診断士

平鍋雅之（ひらなべ　まさゆき）
コンサルティング事業本部マネージャー、シニアコンサルタント

川西智子（かわにし　ともこ）
シニアコンサルタント、元 神奈川県中小企業再生支援協議会統括責任者補佐

古坂真由美（ふるさか　まゆみ）
シニアコンサルタント

金融機関・会計事務所のための　SWOT分析徹底活用法
―事業性評価・経営改善計画への第一歩

2016年5月20日　初版第1刷発行
2018年6月20日　初版第2刷発行

著　者　　中　村　　中
　　　　　㈱マネジメントパートナーズ

発行者　　酒　井　敬　男

発行所　　株式会社　ビジネス教育出版社

〒102-0074　東京都千代田区九段南4-7-13
TEL 03(3221)5361(代表)／FAX 03(3222)7878
E-mail▶info@bks.co.jp　URL▶https://www.bks.co.jp

印刷・製本／シナノ印刷㈱　　装丁・本文デザイン・DTP／㈲エルグ
落丁・乱丁はお取り替えします。

ISBN978-4-8283-0618-6　C2034

本書のコピー、スキャン、デジタル化等の無断複写は、著作権法上での例外を除き禁じられています。購入者以外の第三者による本書のいかなる電子複製も一切認められておりません。